HUMOR DE SEGUNDA A SEXTA

EDUARDO ZUGAIB

Autor do *best-seller* 'A Revolução do Pouquinho'
e 'O fantástico significado da palavra Significado'

252 PEQUENOS TEXTOS E UMA HISTÓRIA PARA AJUDAR
VOCÊ A TORNAR SUA LIDERANÇA MAIS LEVE E CRIATIVA

DVS EDITORA

CB075571

HUMOR
DE SEGUNDA
A SEXTA

EDUARDO ZUGAIB

Autor do *best-seller* 'A Revolução do Pouquinho'
e 'O fantástico significado da palavra Significado'

252 PEQUENOS TEXTOS E UMA HISTÓRIA PARA AJUDAR
VOCÊ A TORNAR SUA LIDERANÇA MAIS LEVE E CRIATIVA

São Paulo, 2018
www.dvseditora.com.br

HUMOR DE SEGUNDA A SEXTA

252 PEQUENOS TEXTOS E UMA HISTÓRIA PARA AJUDAR VOCÊ A TORNAR SUA LIDERANÇA MAIS LEVE E CRIATIVA

Copyright© DVS Editora 2018
Todos os direitos para o território brasileiro reservados pela editora.

Nenhuma parte deste livro poderá ser reproduzida, armazenada em sistema de recuperação, ou transmitida por qualquer meio, seja na forma eletrônica, mecânica, fotocopiada, gravada ou qualquer outra, sem a autorização por escrito do autor.

Capa: *Eduardo Zugaib*

Diagramação: *Schäffer Editorial*

Dados Internacionais de Catalogação na Publicação (CIP)
(Câmara Brasileira do Livro, SP, Brasil)

Zugaib, Eduardo
  Humor de segunda à sexta : 252 pequenos textos e uma história para ajudar você a tornar sua liderança mais leve e criativa / Eduardo Zugaib. -- São Paulo : DVS Editora, 2018.

  ISBN 978-85-8289-177-3

  1. Atitude (Psicologia) 2. Bom humor
3. Comportamento - Mudança 4. Hábitos - Mudança
5. Inteligência emocional 6. Liderança 7. Valores
(Ética) I. Título.

18-17905   CDD-658.4092

Índices para catálogo sistemático:

1. Mudança do estado de humor : Liderança :
    Administração executiva 658.4092

Maria Paula C. Riyuzo - Bibliotecária - CRB-8/7639

Sumário

Prefácio – Clóvis de Barros Filho 6

Parte 1 – Doloroso aprendizado 13

Parte 2 – 252 dias úteis de Humor 43

Parte 3 – Café frio e amargo 299

Parte 4 – Liderança: isso é com você! 305

Parte 5 – O Fim está próximo. 317

Prefácio

Conheci o Eduardo em evento no Acre. A viagem longa permitiu saborosa conversa e interação agradabilíssima. Faríamos ambos palestras a convite de empreendedores locais.

Meses depois, sempre gentil, me dá a honra de prefaciar seu mais novo livro, tarefa que sempre exige reflexão sobre o que se deve escrever na apresentação de uma obra qualquer.

Sempre achei que os prefácios que resumem o livro tiram do leitor a graça e o ineditismo que a leitura oferece.

A mera repetição de partes destacadas do livro parece desmerecer tudo que foi escrito. e portanto, só resta mesmo acrescentar, ir além do autor ou talvez em paralelo, para que o texto permaneça soberano e o prefácio apenas justaponha, acrescente.

Começo afirmando que nos últimos cinquenta e dois anos muitas foram as tristezas, encontros com mundos apequenadores, situações de vida redutoras de potência. O leitor sabe: diariamente, o mundo pode aborrecer, ofender, humilhar, agredir, machucar.

Felizmente, temos todos uma enorme capacidade de tirar da mente quase tudo que ao longo de nossa trajetória piorou a vida. Meu pai gostava da expressão 'saiu na urina', que queria dizer com isso alguma coisa que um dia incomodou, mas agora não incomoda mais.

A psicanálise fala em 'recalque'. Algo que, em nós, tira da consciência o que entristece e joga isso para porões escondidos do inconsciente, onde a lanterna da nossa memória tem dificuldade de alcançar.

Em meio a todas essas tristezas, algumas são mais difíceis de digerir, ao menos pra mim. E essas tem a ver com a vida que eu poderia ter vivido, e por preguiça, covardia, desdém, falta de zelo, acabei abrindo mão.

Assim, filmes que não assisti, livros que não li, aulas que gazeteei... se existe arrependimento, está pela vida não vivida.

E aqui o livro do Eduardo merece destaque pois, ao meu ver, consegue três objetivos raros.

O primeiro deles é alegrar durante a leitura, missão cada vez mais relevante para todos os autores. É muito frustrante a leitura de um texto que entedia, que aborrece.

Mas o livro do Eduardo não termina na alegria da leitura, porque enriquece. E o enriquecimento pelo humor e repertório alargado com prazer, aplaudido pela inteligência emocional, é sabedoria bem-vinda.

E você tenderá a sentir prazer e alegria toda vez que retomar os ensinamentos que, lá na sua origem, foram aprendidos assim, prazerosa e alegremente.

Mais ou menos como aquele que, ao sentir anos depois o perfume da primeira namorada, relembra com ternura os encontros íntimos de juventude.

Mas além da alegria da leitura e o enriquecimento do repertório, o livro de Eduardo é útil: permite que deles nos sirvamos para a vida.

E assim contribui com humildade garantida pela sabedoria do autor, para que os instantes da existência vindoura sejam um tiquinho melhores do que seriam se tivéssemos por preguiça pulado a leitura dessa obra que por estas linhas me coube apresentar.

Desejo ao leitor apenas que tenha pelo livro o envolvimento afetivo que foi o meu.

E com leveza e abertura de espírito, permita ao Eduardo participar de sua vida neste momento. Garanto que valerá a pena.

Clóvis de Barros Filho

1º ALERTA

Antes de começar a ler, vamos combinar uma coisa: ser bem-humorado não significa ficar rindo de tudo, de todos, a toda hora, em todo lugar. Isso é ser bobo.

2º ALERTA

Este não é um livro de piadas.
É um livro sobre bom humor.

Alertas feitos, vamos lá...

PARTE 1
Doloroso aprendizado

A jornada do Bom Humor

Como você leva a vida? De forma bem ou mal-humorada? Apesar de muita gente acreditar que bom humor se relaciona apenas àquilo que nos faz rir, essa competência - ou atitude, ou comportamento ou o que lá seja - vai muito além disso.

O bom humor relaciona-se intimamente com nossa capacidade de ver a vida com leveza, permitindo-nos muitas vezes rir de nós mesmos e das bobagens que acumulamos em nossa jornada. E ajuda também a colocar o nosso ego no seu devido lugar, quando construímos ou conquistamos algo positivo e desejado.

Quando perdemos a capacidade de rir de nós mesmos, transferimos este direito aos outros de forma inalienável, o qual nem sempre será usado de um jeito saudável. Logo, perdemos tudo e passamos a nos suicidar gradativamente, um pouquinho a cada dia.

Bom humor é, antes de mais nada, uma prática, um hábito. Por que afirmo isso com tanta certeza? Simples: eu mesmo cultivo este hábito, como forma de corrigir traços depressivos e de sarcasmo ferino conquistados a "duras penas" durante a infância, a adolescência e a primeira parte da vida adulta.

Depois que compreendi que um comportamento se constrói através da consolidação das nossas atitudes, tornando-as consistentes e repetitivas até que passem da ignorância plena de sua existência à inconsciência plena de sua prática, percebi o quanto está ao nosso alcance transformar o modo como lidamos com os fatos, já que transformar os fatos é algo que nem sempre está ao nosso controle.

Se refletirmos bem, absolutamente nada está sob nosso controle, ainda mais neste mundo que, nas últimas décadas, reconfigura-se cada vez mais em intervalos cada vez menores de tempo.

Sim, é neste mundo louco em que vivemos que a nossa flexibilidade de pensamento é colocada à prova. Que a nossa criatividade é desafiada e a nossa capacidade de inovar e executar bem torna-se questão não de luxo, mas de sobrevivência.

Uma perspectiva que nos obriga a ir além da visão da mudança, forçando-nos também continuamente a decidir e dar o primeiro passo na sua direção e, principalmente, a monitorar a nossa congruência e a efetividade de nossas ações, em uma realidade que muda do estado sólido para o gasoso em questão de dias.

Essa perspectiva tornou-se mais consistente quando lancei em 2014 o livro "A Revolução do Pouquinho - Pequenas Atitudes provocam Grandes Transformações", obra que se tornou referência em educação corporativa para muitas organizações brasileiras, e que vem ajudando muita gente desencantada com o que se viu até então de motivação - palavra que até hoje me causa certo arrepio - a organizar o pensamento, o sentimento e as atitudes na construção de uma vida com mais consistência, plenitude e, principalmente, a consciência de que felicidade é estar com o coração batendo pra valer no agora.

Logo, posso afirmar que, conforme descrito na metodologia que nasceu da Revolução do Pouquinho, **um dia eu visualizei a necessidade de mudança do meu estado de humor**, que já parecia algo ao qual estava condenado, algo que acreditava fazer parte de mim, da minha personalidade, sem muita chance de mudança. "O mundo que se adaptasse a mim", pensava comigo à época. Nessa competição da minha arrogância e do meu ego com o mundo, não preciso nem dizer quem ganhou, né?

Sim, foi o mundo.

Então, da **Visão da Mudança**, que foi o primeiro passo, veio a **Decisão e Ação**, que na Revolução do Pouquinho representa o segundo movimento.

Já sabia que precisava mudar. Todos os feedbacks que havia recebido até então, em diversos momentos da vida pessoal, familiar e profissional, e aos quais não dei muita importância, ganharam o contorno das peças de um quebra-cabeças que, enfim, começava a ser montado. Era preciso começar, colocar o pé pra valer no caminho da mudança que tinha sido visualizada.

Mas apenas dar o primeiro passo não representaria lá uma grande mudança. E, caso fosse um passo grande demais, causaria total aversão àqueles que fossem impactados inicialmente por ele: as mesmas pessoas que, ainda no dia anterior, haviam sido obrigadas a sorver o chorume do meu mal humor e todos os péssimos comportamentos que derivavam dele, tais como assédios morais, constrangimentos públicos, falta de espaço para argumentação, centralização extrema, entre outros que, aos poucos, matavam a iniciativa do time.

Pense bem: ainda ontem o "prato do dia" eram desaforos, humilhações e botinadas morais. Hoje, como num passe de mágica, eu mudo o cardápio para flores, bombons, abraços e elogios. Não valida, né? Ao contrário, tal mudança brusca reforçaria ainda mais a precaução das pessoas ao redor, aumentando ainda mais a preocupação sobre o quanto aquele sopro de gentileza seria apenas para suavizar a bordoada que viria logo em seguida.

Logo, era preciso ir além e consolidar a curva da mudança, tornando-a inicialmente consistente, depois sustentável e, em seguida, exponencial, a partir do terceiro e crucial passo: o **Compromisso da Continuidade**.

Estava consciente que as relações que eu já havia perdido pela truculência dificilmente seriam recuperadas. Logo era preciso 'resetar' minha presença em alguns ambientes para tentar, em outros, recomeçar em um novo nível de consciência, evitando cometer os mesmos erros, pisar nas mesmas pedras falsas.

Por sempre buscar executar com excelência todo o trabalho em que me envolvia - uma das justificativas que eu dava para esse comportamento tóxico - não demoravam a surgir convites para novas oportunidades de trabalho. Se era pra apagar um incêndio ou recuperar os resultados, bastava chamar. O problema era o custo que eu infligia ao entorno: sim, eu apagava o incêndio. Mas, se fosse preciso, o faria abrindo as comportas da represa, desconsiderando completamente que o propósito de muitas das pessoas ali simplesmente morreria afogado. Ou, numa outra metáfora, caso eu recebesse a missão de buscar um coelho que havia entrado em uma densa floresta, eu ia e ainda retornava em um tempo surpreendente, trazendo o coelho fujão assado em uma bandeja. Uma efetividade que impressionou até o dia em que alguém se lembrou de olhar também para a floresta, encontrando apenas um campo incendiado. Na prática, havia me tornado um dos piores exemplos de liderança que poderia existir, aquela que buscava apenas sentir-se importante diante da equipe, sempre algumas dezenas de 'metros morais imaginários acima dela', sem imaginar que o que faria a diferença seria justamente o importar-se com a equipe.

A mão dupla da Empatia

Da tomada de consciência, não demorou surgir um convite, que foi aceito sem pestanejar. Casa nova, clima novo, equipe nova. E a possibilidade de iniciar uma nova construção moral. Nesta oportunidade, por uma dessas lições que a vida nos dá através dos relacionamentos, encontrei aquele meu 'eu' anterior no comportamento de outra pessoa, um profissional que se reportava a mim e coordenava a equipe que tocava operacionalmente o negócio. Observar aquelas mesmas atitudes que há alguns meses eram minhas, agora em terceira pessoa e percebendo o jogo duplo que era feito - o da prestação de contas sempre sorridente e 'sob controle' para os gestores sobrepondo-se ao terror instalado sobre a equipe, de uma forma ainda mais intoxicante e visceral, apesar de embrulhar o estômago, foi um aprendizado e tanto. Ainda mais por perceber que o assédio moral que era feito e da forma como era feito, dava claras mostras que a equipe vivia uma Síndrome de Estocolmo, aquela em que sequestrados criam dependência emocional de seus sequestradores, chegando a protegê-los e a omitir qualquer informação que possa prejudicá-los, não com este fim consciente, mas com a intenção de não tornarem-se ainda mais vítimas, já que a segurança era algo impensável. Quando percebiam que o chefe corria algum risco de punição, tratavam logo de minimizar ou distorcer os fatos, protegendo aquele que os havia sequestrado emocionalmente.

Até que um dia alguém da equipe me procurou, relatando a realidade que permanecia acobertada pela distância que o coordenador criava entre a equipe e a gestão, inclusive com ameaças caso percebesse algum tipo de aproximação. E veio outra pessoa. E veio mais uma, configurando assim fatos mais que suficientes para a demissão da pessoa, à qual também por outro lado, já vinha recebendo todo o tipo de alerta quanto ao que estava sendo denotado no dia a dia através da falta de engajamento, do pouco caso com o trabalho pelo time, da baixa qualidade e o alto índice de refação que eram percebidos.

Lidar com 'meu eu anterior' projetado ali em outra pessoa foi tal qual assistir um filme antigo do qual havia sido protagonista, no qual os erros de interpretação agora queimavam de vergonha a minha cara. Isso proporcionou um aprendizado e tanto, especialmente no que diz respeito à empatia, a nossa capacidade de perceber os outros, e à compaixão, que vai um pouco além e nos possibilita sentir e perceber o mundo um pouco através dos olhos do outro. Agora, sentia aquilo que os outros sentiam quanto às muitas de minhas atitudes, pela perspectiva de quem sofria com elas, e não mais a de quem as infligia, desprovido de qualquer sensibilidade. Por muitas vezes, me envergonhei em silêncio.

Os incêndios, nessa oportunidade, já eram apagados com mais tranquilidade, sem a necessidade de abrir a represa e matar todo mundo afogado. Também já conseguia trazer o coelhinho vivo, procurando manter a floresta, ou seja, o ambiente corporativo, o mais intacto possível. Havia aprendido o significado de expressões como fairplay - o jogo limpo, transparente, bem como suas principais ferramentas, tais como o feedback objetivo, que não tinha nada a ver com falta de educação ou grosseria, a assertividade, que apesar da rima, não significava nem de longe agressividade e o follow-up, que também estava longe de significar pegação no pé ou perseguição, e sim uma forma de manter uma conexão respeitosa com o time, sempre de olho nos resultados que ali eram construídos e, principalmente, compartilhando perdas e ganhos decorrentes deles. Havia ganhado um pouquinho mais de lucidez ao ter que lidar com tudo aquilo que fazia parte do meu passado recente: a grosseria, o assédio, o descrédito e a humilhação infligida sobre as pessoas que não convergiam com aquilo que o 'chefe' queria e que, por isso, tinham sua iniciativa e propósito asfixiados

Nessa oportunidade de quase dois anos o humor, enquanto estado de espírito, foi se consolidando como ferramenta de conexão e de melhoria de clima daquela equipe, principalmente na reconstrução de um ambiente mais criativo, integrado e prazeroso após o inevitável desligamento daquele que havia provocado naquele time aquilo que ele tinham de pior. Após este fato, observar a transformação, em poucos dias, de um time medroso, sem iniciativa e que apresentava um trabalho abaixo de mediano em uma equipe que passou a sorrir, que distensionou a testa e sentiu pela primeira vez o significado de um ambiente de trabalho onde a iniciativa e a co-criação eram uma realidade, foi algo emocionante de se viver. Não apenas pelo fato em si sendo vivido. No íntimo, uma certeza estalava que nem chicote no meu ego, imaginando o quanto deste mesmo tipo de clima eu mesmo havia infligido lá atrás, o tanto de pessoas que havia desprezado, passado por cima, as quais, pelas probabilidades, caminhos e descaminhos dos mercados, teria poucas, ou quase nulas chances de tentar me redimir. Para minimizar o estrago gravado a ferro quente na minha própria história, haveria então que construir um impacto positivo muito maior, pleno de propósito e que, se não curasse aquelas feridas, ao menos as impediriam de sangrar.

Conexão emocional estabelecida

Passado alguns meses da experiência anterior, nova oportunidade bate à porta. Agora, além da efetividade, um pouco de moral como líder vinha junto, pela experiência vivida na empresa anterior. Dessa vez, uma equipe maior, dentro de uma organização ainda maior, porém completamente desconectada do negócio e de si próprios, pelos movimentos empreendidos pelos gestores anteriores. E um desafio grande à frente, que implicava em gerenciar um dos cenários mais críticos já vividos pela organização, que não dispória do volume de dinheiro empenhado até os anos anteriores para a árdua tarefa de captação de clientes, que iniciava naquele setor.

Este trabalho, que até então contava com um caminhão de dinheiro investido em diversas ações de marketing, dessa vez deveria ser feito "na unha". Nos corredores da organização, apenas uma aposta: quanto tempo duraria o novo gerente, que havia caído de paraquedas num cenário crítico, com diversos 'opositores' internos não apenas desejando, mas empreendendo sabotagens e ações informais de imobilização que acelerariam o fracasso, incluindo a supressão de informações estratégicas para o funcionamento do setor. Um voo cego, a ser empreendido num ambiente planejado para dar errado de forma a atender interesses pessoais e nada éticos de alguns dos então diretores. À minha disposição, uma grupo fragilizado de vinte e duas pessoas, reverberando entre si os efeitos que vinham do caos promovido pela média e alta liderança: desrespeito, falta de credibilidade, de propósito e motivação. E uma ferramenta que havia descoberto e aprendido a usar nos últimos dois anos e que, agora, me protegia não apenas da minha sombra, mas da maldade que vinha de fora: ele mesmo, o bom humor.

E vamos lá, através dele, aproximar-se e conhecer verdadeiramente as pessoas. E ouvi-las. E construir junto um ambiente positivo, mesmo em meio a uma tempestade de péssimo clima. E valorizar. E reconhecer. E elogiar. E dar feedbacks verdadeiros, tanto de coisas boas, quanto daquelas não tão boas assim. E contar piadas. E orientá-las para sairem de casa para acertar, e não apenas para não errar. E ajudá-las a transformar os erros em aprendizado, individual e para o time. E tomar café junto. E juntar todo mundo pra cantar no karaokê no final de ano. E começar a deixar os outros setores da organização curiosos pelo que acontecia ali. E as pessoas que neles trabalhavam com uma pontinha de inveja, por não estarem ali, por terem ouvido pelos corredores sobre o ambiente de respeito e valorização que ali havia sido criado, que destoava de todo o resto da organização. E, o melhor de tudo: fazê-las provarem para si mesmas que eram capazes de construir bons resultados, mesmo em cenários críticos, desde que se permitissem ter a visão ampliada e compartilhada, metas claras, planejamento e muito, muito bom humor, o que não significava ficar desprovido em nenhum momento da seriedade que o momento pedia.

Nos primeiros seis meses, alcançamos o mesmo resultado do ano anterior, ouvindo da turma que queria ver o circo pegar fogo que aquilo havia sido sorte. Ou, pior ainda, 'residual' do bom resultado anterior, que tinha envolvido o investimento de uma fortuna para ser atingido.

Mais seis meses, e a boa performance fora novamente atingida, em um cenário ainda mais deteriorado de investimento, lidando com a falta de credibilidade de fornecedores e negociando as heranças de gestões anteriores, que chegavam na forma de cobranças de todo lado, além dos esqueletos que, inevitavelmente, caiam de alguns armários quando abertos.

Essa experiência consolidou o humor como ferramenta em minha vida e me deu a chancela para, enfim, viver verdadeiramente o propósito que escolhi e que, ali havia se tornado claro em palavras e sentimentos: provocar reflexões e mudanças positivas na vida das pessoas. E foi o impulso para deixar a vida executiva e empreender aquilo que hoje me movimenta através de minha empresa de treinamento e desenvolvimento, bem como meu trabalho como autor e palestrante.

A foto do dia de minha despedida, com toda equipe me envolvendo em um grande e carinhoso abraço, possui um sabor especial a cada dia que a vejo: ali havia incorporado o bom humor como um comportamento, um traço da personalidade, e não mais como algo pontual e orientado apenas por algum interesse.

Um estado de espírito

É isso. Humor é estado de espírito e muitos dos que o estudaram cientificamente já o nomearam assim. Gosto dessa definição, que remonta inicialmente à Teoria Humoral delineada pela medicina grega na antiguidade e que, ainda hoje, influencia muitas das ferramentas de avaliação de perfis psicológicos utilizados pelas organizações.

A Teoria Humoral - ou dos Quatro Humores - foi desenvolvida por Hipócrates, o 'pai' da Medicina, aquele a quem todo médico recém-formado presta juramento antes de atuar na profissão. Segundo historiadores, isso foi na ilha grega de Cós, entre os séculos IV e III a.C. Esta teoria relaciona-se aos líquidos presentes no nosso corpo e sua influência na nossa saúde, fazendo-nos oscilar entre o equilíbrio-cura e a doença-dor. Os estudos de Hipócrates ganharam aperfeiçoamento entre os séculos I e II d.C. pelas mãos do médico romano de origem grega Claudio Galeno, reconhecido como o maior médico investigativo do período romano.

Os estudos de Galeno foram a principal referência na condução da medicina ao longo de mais de mil anos, sendo superados apenas no século XV, já sob a luz do Renascimento, que alimentou um novo e ousadíssimo mindset em todas as artes e ciências humanas. Entre as inovações da época surgiram a prensa de Gutemberg, abrindo o terreno para a impressão gráfica em maior escala e, no campo da medicina, com o advento da dissecação humana, procedimento investigativo proibido até então, pelo rigor obscuro da Era que, aos poucos, ia ficando para trás: a Idade Média.

A medicina biológica entrava em uma nova perspectiva. A teoria dos Humores, por sua vez, sobreviveu e, passou a influenciar mais diretamente os estudos de Psicologia e de comportamento, servindo até hoje como teoria de base para estudos e ferramentas que visam ajudar no mapeamento de competências comportamentais, buscando ampliar a autoconsciência do profissional avaliado, na incansável luta para alinhar ao máximo seus reais perfil e performance às necessidades específicas dentro da empresa.

Entre os Quatro Humores, e seus respectivos líquidos corporais, temos o humor Sanguíneo (que, obviamente, deriva do 'comportamento' do nosso sangue), o humor Colérico (derivado da atuação da nossa bile amarela) o humor Fleumático (derivado da fleuma) e o humor Melancólico (derivado da bile negra). Na concepção dos estudos antigos, a predominância de alguns líquidos sobre os outros acabava determinando diferentes tipos de temperamentos e perfis emocionais, cada qual com qualidades e defeitos:

- o **Sanguíneo**, que destaca-se positivamente pela comunicação, pelo entusiasmo, pela afabilidade, pela simpatia. É boa companhia, compreensivo e crédulo. No polo negativo deste humor, encontramos a volubilidade, a indisciplina, a impulsividade, a insegurança, o egocentrismo e o medo, manifestados sempre de forma barulhenta e exagerada.

- o **Fleumático**, que entre suas qualidades, oferece calma, eficiência, praticidade, diplomacia, bom-humor e tranquilidade. Já o seu 'lado B', reserva algumas características críticas como a falta de motivação, a desconfiança, a passividade contemplativa, a indecisão, o temor, o calculismo frio e a introversão.

- já o **Colérico**, por sua vez, tem como pontos de força a energia, a independência, o otimismo, a resolução, a audácia, a decisão e a liderança. Virando o disco, aparecem as suas vulnerabilidades: ira, impaciência, intolerância, vaidade, insensibilidade, prepotência, sarcasmo ferino são algumas delas.

- por último, o **Melancólico**, que traz na sua 'mochila' emocional a minúcia, a sensibilidade, o idealismo, a lealdade, a dedicação, a habilidade e o perfeccionismo. Porém, toda mochila tem um zíper escondido, certo? Ao abrirmos este compartimento escondido dentro da mochila melancólica, encontramos traços como o egoísmo, o pessimismo, o excesso de teorias, a confusão, a baixa sociabilidade, a crítica excessiva, a inflexibilidade e, lá no fundo, a vingança.

Quando passeio por este perfis, não consigo imaginar pessoas estanques, presas em um ou outro. Penso, sim, em uma relação dinâmica entre todos eles, naturalmente com certa predominância decorrente de influências genéticas, ambientais e das circunstâncias pelas quais vamos passando, as quais nos obrigam a passear pelos demais perfis, conforme a criticidade de cada uma e os dilemas que demandam delas, os quais nos obrigam à contínua tomada de decisão.

Penso nestes humores líquidos como se fossem os líquidos que fazem um motor funcionar, cada qual com uma ou mais funções, que vão desde a explosão que faz o carro andar, a lubrificação que permite que as peças não fundam-se entre si em altas temperaturas, o controle da acidez e alcalinidade, que ajudam a evitar a corrosão, o arrefecimento, que ajuda a evitar superaquecimento, o efeito detergente, que ajuda a limpar os bicos de injeção, mantendo-os em vazão suficiente para assegurar a performance desejada, entre outros.

Me perdoe o salto de alguns milênios, saindo da Medicina Antiga, que esbarrava muito na subjetividade filosófica, passando pela luz da Renascença e caindo em um exemplo prático dos dias de hoje, citando dessa forma bastante coloquial um mecanismo que talvez você tenha na garagem de casa e use para se locomover no dia a dia. Na pior das hipóteses, cada vez que você ligar um carro, você vai se lembrar que não basta colocar combustível e sair andando por aí despreocupadamente: é preciso atentar-se aos demais líquidos, para que seu veículo não resolva mudar de humor num momento ruim, deixando-o parado à beira de uma estrada escura ou em uma quebrada qualquer. Se isso acontecer, este livro já terá valido a pena.

Mas, deixemos de lado os humores automotores e voltemos para o nosso mesmo, aquele que encaramos no espelho pela manhã e algumas - ou muitas outras - vezes ao longo do dia. Vamos à biografia do meu humor, para ser mais preciso, onde identifico a transição entre um perfil e outro, a combinação e outras misturas ao longo dos anos, considerando que hoje estou com quarenta e cinco anos, observando em mim mesmo uma predominância do lado positivo dos humores fleumático e sanguíneo, ao passo em que mantenho monitorados os lados críticos dos humores melancólico e colérico.

Voltemos então à primeira metade da década de 70, quando nasci. Durante a infância, devido a alguns acidentes de percurso, tais como a perda dos dentes frontais em uma queda logo aos dois anos de idade, me vi privado de um sorriso espontâneo e escancarado. Enquanto não tinha consciência dessa vulnerabilidade, a vida seguiu. Mas quando ela bateu e comecei a me sentir estranho em relação à outras crianças, o humor melancólico deu as caras. A foto que ilustra a primeira orelha deste livro representa bem esta fase, que demorou uma eternidade para passar. E pra piorar um pouco, ele veio impulsionado por um quadro grave de hepatite aos quatro anos, que mexeu ainda mais diretamente na bile. Além da quarentena forçada, do isolamento dentro de casa, lençóis, talheres e roupas, os cacos de dentes que haviam sobrado apodreceram completamente devido à imensa quantidade de antibióticos a que tive que me submeter à época

Resumo da fatura: além de banguela, os cacos que haviam sobrado escureceram de vez. Fui ser apresentado à minha dentição permanente próximo aos 9 anos de idade, após alguns bons anos de constrangimento na escola, naquilo que viria a se popularizar posteriormente como bullying. Os dentes chegaram fragilizados, mas, ao menos, me devolveram um pouco de sorriso. Mas, caso queira ter uma noção de como me senti neste período, vou contextualizar melhor: muitos anos depois, o humorista Chico Anísio lançaria um personagem no programa *Chico Anysio Show*, veiculado entre 1982 e 1990, chamado Bento Carneiro, o Vampiro Brasileiro. Procure no Google e confira por si mesmo, como eu me via à época.

Vida que segue, adolescência chegando. Confusão hormonal e humores se misturando, criando grandes oscilações, muitos tsunamis emocionais e bipolaridades, que iam da melancolia, alimentada em boa parte pelas letras depressivas do rock brasileiro da segunda metade dos anos 80 - a tal da década perdida - à euforia sanguínea do 'preciso viver a qualquer custo', porque não sei se estarei vivo amanhã. Uma montanha russa de humores típica da idade, mas que teve novos empurrões para baixo, impulsionados pela entrada em uma carreira profissional com a qual não me identificava em nada aos quatorze anos, na qual permaneci durante seis e, aos dezessete, pela perda de meu irmão em um acidente automobilístico. A combinação destes fatores me jogaram em uma depressão profunda. Melancolia instalada, bile negra tomando conta, pé batendo no fundo do poço onde, acredite, existe uma mola.

E segue o jogo. Aos vinte e um anos, descobri o humor sanguíneo que, combinado com o colérico, me fizeram acordar um dia com uma decisão tomada: ou me mexia e recuperava o tempo perdido, ou seria melhor entregar os pontos de vez. Era a mola do fundo do poço me empurrando pra cima. Ali nasceu o compromisso assumido comigo mesmo de construir uma alta efetividade naquilo que viesse a fazer. Mudei de emprego, mudei de área e, enfim, sentia o sangue fervendo nas veias, tal qual um Sidney Magal. "Agora ninguém me segura" e, realmente, foi assim por uns quinze anos, em uma escala crescente de conquistas, as quais não eram acompanhadas de perto pela maturidade. Ao lado delas crescia, de forma cada vez mais barulhenta, uma coisa chamada Ego. Na fúria de colocar ordem na minha própria vida, não medi esforços em usar os lados B dos meus humores vigentes, ou seja, os traços não tão bons dos humores sanguíneo e colérico. E liguei o trator.

E avancei, sem qualquer tipo de empatia por quem se atrevesse a enviesar no meu caminho. Essa foi a aposta que fiz com o mundo, a qual, como já relatei anteriormente, perdi com todas as glórias.

Próximo aos trinta anos, já tinha uma coleção de feedbacks dos mais variados, que tentavam me alertar diso. Imagino de quantos mais eu fui poupado. Eles vinham de diversos lugares. De familiares, de amigos, de chefes e colegas de trabalho. Até aquele definitivo, que não veio de cima, nem dos lados, mas sim de baixo e, para o qual, eu não havia me preparado, ao qual você será apresentado mais à frente, saboreando um capítulo chamado "Café frio e amargo".

Essa jornada deságua hoje neste livro, como a consolidação de um compromisso assumido comigo mesmo - e também com o mundo - de buscar minimizar um pouco o estrago provocado, me esforçando por transitar pelo lado positivo de cada um dos humores, já que transitar por todos eles ao longo da vida, dos contextos e das relações, pela dinâmica instável e complexa da vida, será sempre algo inevitável. E consolida-se com a compreensão de um processo de maturação pessoal em liderança em que, durante seu curso, aprendi de forma bastante dolorosa: a de que liderança é uma escadinha estreita, que quanto mais a gente desce, mais alto a gente fica. Ou seja: a convergência, a busca pelo outro e o importar-se precisam ocupar o espaço da centralização, da falta de confiança e o do sentir-se importante.

Assim nasceu o pacto que fiz comigo mesmo e que venho conduzindo com certo sucesso desde então, que consiste em monitorar os outros humores no dia a dia, sempre consciente da necessidade de manter este compromisso em continuidade, de forma a transformar o insight, a visão da mudança, em uma curva sustentável. Nunca com a pretensão de me tornar um humorista profissional - minha limitação em contar uma piada chega a ser horrível - mas simplesmente de corrigir este traço que, como relatei a você, tanto me atrapalhou, me fazendo perder a conexão com muitas pessoas, magoando-as, ferindo-as em seus sentimentos e, até mesmo, beirando situações no trabalho que tranquilamente se classificariam atualmente como assédio moral do mais pesado, modelado ainda por cima pelos ambientes naturalmente pesados que eram nutridos entre equipes de agências de propaganda, bem como os estereótipos de diretores de criação, redatores e diretores de arte que acreditavam que seu talento sobrepunha-se à necessidade de estabelecer um ambiente positivo, de cooperação e de valorização do outro, na busca da sua melhor performance e do jogo de time. Pois é: eu embarquei nessa, acreditando estar fazendo um excelente negócio.

Logo, o que você tem em mãos não é livro de piadas, mas sim um Livro de Atitudes. Um livro que, como tantos outros, conduzi de forma co-criativa junto à lideranças e equipes em treinamentos desenvolvidos em diversas organizações, com o objetivo de ajudar a delinear os pensamentos, a estruturar os sentimentos e a mapear os comportamentos, tornando-os congruentes entre si e, o máximo possível, aos valores pessoais e da organização, ajudando líderes e suas equipes a atravessarem as zonas de subjetividade, que é onde nascem os 'monstros'. E, principalmente, permitindo manter a visão leve e livre, mais flexível, adaptável e aberta a uma maior percepção de caminhos possíveis de se seguir diante de um problema.

Logo, vamos combinar algo: bom humor é um dos combustíveis da criatividade, justamente aquele que permite flexibilizar a visão, a confrontar aquilo que é contraditório, permitindo o duplo sentido e provocando a quebra da expectativa, momento exato em que nasce o riso e o bem-estar decorrente dele.

Este pensar alternativo fortalece o pensamento criativo e toda a produtividade que deriva dele. E nos ajuda a ir além do batido clichê do "pensar fora da caixa", primeiramente nos fazendo compreender o que há dentro dela para, num segundo momento, provocar as conexões ou disrupções necessárias na busca de soluções.

Afinal de contas, a nossa criatividade é mais desafiada quando há limitações, crises e necessidades do que quando se pode correr livremente por aí, sem compromisso com resultado, com recursos abundantes e nenhum relógio ou calendário lembrando-nos a todo instante que tempo é recurso finito e que, se errar for inevitável, que a gente erre rápido, trate de corrigir e, principalmente, de não errar mais ao menos este erro. Que venham novos, sempre, ampliando nossa consciência e colocando-nos de forma dinâmica nas ondas cada vez mais indisciplinadas das mudanças.

Então viveu feliz para sempre?

De jeito nenhum. Os problemas e desafios surgem cada vez mais complexos e cabeludos. E diante da insegurança e da angústia que muitos deles carregam em si, ou ainda da canalhice que temos que enfrentar, vez ou outra aquele "lado sombra" que relatei no início mostra sua cara, tentando resolver as coisas à sua maneira. Afinal, todas as nossas más tendências e comportamentos continuam dentro de nós, através da imensa gama de trilhas neurais que criamos e transformamos em hábitos, os quais só superamos quando construímos novos hábitos ao nos dar a oportunidade de percorrer novas trilhas.

Diversas trilhas neurais foram substituídas e, apesar de estarem 'inativas', basta algum estímulo para que se ativem novamente e despertem novamente a fera. E neste mundo doido que vivemos, estímulos para perder a cabeça é o que não falta. Consciente disso, assumi para mim mesmo como parte do meu compromisso de continuidade na manutenção do bom humor o hábito de criar pequenos textos que provocassem o humor também nas pessoas. E comecei a publicá-los em meus perfis nas redes sociais e a obter delas um feedback necessário para manter a 'calibragem' deste que, pra mim, vai além de um comportamento, mas transformou-se em uma ferramenta.

Então, ao menos uma vez por dia, vou lá bater meu cartão, publicando algo que cumpra esse objetivo e mantenha vivo esse compromisso.

E agora vem o mais curioso: há dias em que escrevo e publico estes pequenos textos em grande profusão: seis, oito, dez...

Nestes dias, quem me lê do lado de lá, pensa e algumas vezes até comenta:

– Puxa... hoje você está inspirado, hein? É uma atrás da outra!

Parece inspiração mas, na verdade, não é. Quando surge uma sequência de textos em um curto intervalo de tempo, o que menos estou é inspirado: estes são justamente os momentos em que aquele meu "demônio" desperta e em que travo uma intensa luta com ele, suas más tendências e comportamentos nocivos, que tão mal fizeram a mim mesmo e à outras pessoas. Ao começar a perceber as reações de bem-estar que uma curta piada, um pensamento espirituoso ou até mesmo um trocadilho infame provoca nas pessoas através de suas curtidas e comentários, reestabeleço a conexão com meu bom humor e coloco o demônio para dormir.

Manter este estado emocional requer de mim aquilo que instituições de ajuda mútua, que lidam com toda sorte de vícios físicos ou emocionais, empenham-se em estimular naqueles que as procuram, e que resume-se na forma de uma meditação, de origem desconhecida, que tem como título a expressão "Só por hoje", a qual recomendo a você pesquisar e conhecer.

O meu "Só por hoje", que na ótica do processo de autoliderança da Revolução do Pouquinho traduz-se pelo "Compromisso da Continuidade" em relação ao bom-humor é o que foi responsável pela produção desta coletânea de textos, que agora compartilho com você, não sem antes explicar sua origem, como fiz até aqui. Afinal, como disse lá no início, isso não é um livro de piadas.

Escritos e publicados inicialmente nas redes sociais apenas como lembretes a mim mesmo, com o tempo estes textos foram ganhando seguidores. Vários deles, sem imaginar, me ajudaram e ainda ajudam a perceber um sentido maior nisso quando, após alguma frase publicada, principalmente naqueles dias mais tensos, relatam que aquilo os ajuda a mudar o próprio humor, a fazê-los rir e a ver os problemas sob uma perspectiva mais leve e ampliada, melhorando seu estado de espírito e, com isso, sua capacidade de ação e reação diante da complexidade do dia a dia.

Mas... Por quê 252 textos?

E não 100, um número redondo?

Ou então 365, uma para cada dia do ano?

Confesso que, inicialmente, pensei em fazer 365 pequenos textos. Algo do tipo "Minutos de Sabedoria", como vários amigos sugeriram. Mas fiquei com medo de, com isso, produzir um best-seller e acabar não dando conta de toda demanda de compromissos decorrentes dele (contém ironia, ok?).

Depois, pensei em escrever 100. Mas achei que iria soar preguiçoso demais e correria o risco da editora não comprar a ideia, por gastar muito papel e pouca tinta. Então, cheguei em um número que me pareceu bom, nem lá e nem cá: 252. Na média, isso significa um para cada dia útil do ano, o que confere a este compêndio um aspecto prático e, principalmente, cotidiano. Afinal são neles - os dias úteis - que a gente tem que desenvolver maior leveza nas relações, muitas delas condicionadas pelo nosso trânsito social, principalmente no trabalho. São neles que somos mais testados em nossa resiliência, nossa capacidade de flexibilizar a visão, de convergir com a diversidade de comportamentos e perfis ao nosso redor, entre outras competências derivadas do nosso estado de espírito, as quais, neste mundo relacional, definem quase matematicamente nossa perspectiva de sucesso ou fracasso.

E também porque fins de semana e feriados foram criados pra gente descansar, visitar os amigos e a família, passear, viajar, praticar atividades ao ar livre, assistir filmes, ir para a praia, fazer churrasco na laje, compras no shopping ou ficar sem fazer absolutamente nada, e não para ficar lendo livros de frases.

Estes 252 textos estão misturados de forma completamente aleatória, e surgirão daqui a algumas páginas na forma de:

- frases irônicas;
- tiradas sarcásticas;
- diálogos *nonsense*;
- haicais autodepreciativos;
- dicas espirituosas;
- trocadilhos infames;
- releituras de ditados ou frases célebres;
- pequenas listas; e
- passo a passos.

Cada um deles foi produzido inicialmente para lembrar a mim mesmo do compromisso que assumi em monitorar meu estado de espírito, especialmente ao longo "daqueles" dias.

Essa vigilância sobre o humor funcionou e continua funcionando para mim quase que como uma terapia, me ajudando na construção de uma visão mais leve e periférica para encarar os dilemas e problemas da vida.

Sejam eles decorrentes dos **relacionamentos**, da **falta de motivação no trabalho**, do **estresse do dia a dia**, da **convivência com pessoas difíceis** (começando por nós mesmos), do **cuidado com a saúde e o próprio corpo** (neurótico muitas vezes e, por isso, paradoxal), do **excesso de atenção quanto à vida alheia** (quem nunca?), do **consumo** (que eu adoro), da **culpa**, da **nossa relação com a morte** (dos outros, já que a nossa não será um problema nosso), da **comunicação** (ou falta dela), da **liderança** (que muitas vezes cai no colo da gente, sem pedir licença) entre outros vetores comportamentais, são eles, os problemas e dilemas que disparam em nós processos associativos de criatividade, seja para buscar a solução ou para aprender a lidar com a inexistência dela, o que explica o humor em sua função mais simples e mais importante: assegurar a nossa sanidade mental diante de tudo isso.

Posso compartilhar na rede?

Claro que pode. Eu diria até mesmo que deve. Mas antes sente-se e pegue um lenço, pois tenho que contar uma história triste pra você.

No final deste livro há um texto que, um dia, escrevi como mensagem de fim de ano da minha atividade de palestrante, endereçado a amigos, clientes e pessoas que me seguem nas redes sociais.

Nele elenquei 10 atitudes e valores inicialmente sob o título **"Quer ser mais feliz em 2016?"**, publicando-o no meu site, em perfis pessoais e nas páginas da Revolução do Pouquinho nas redes Facebook e Linkedin.

A parte bonita da história é que o texto caiu no gosto do povo e começaram os compartilhamentos. Até que, de repente, apareceu a parte feia: começaram a aparecer compartilhamentos do texto com outros títulos, sem o crédito de autoria, feitos por páginas que possuem centenas de milhares de seguidores, os quais replicaram a mensagem até não poder mais. Algo completamente incontrolável e assustador, ao ponto de eu mesmo receber o texto de outras pessoas me recomendando que o lesse, pois era muito legal.

De tempos em tempos, vem uma nova onda de compartilhamentos, que se replica de forma exponencial, a maior parte sem os créditos.

Contatei os autores de diversas páginas que o publicaram, informando o ocorrido. Alguns compreenderam e acertaram as postagens. Outros me ignoraram completamente, me deixando falando sozinho. Houve até quem me xingasse por ter se sentido constrangido. E houve aqueles que deletaram suas postagens e ficaram em um vergonhoso silêncio, já que tinham ido no extremo da falta de escrúpulos, assinando o texto e o vendendo para suas redes como cria sua.

Localizei versões em inglês, em espanhol, versões gravadas, vídeos narrados, clips de imagens com locução e toda sorte de adaptação dessa mensagem que, quando parei de contabilizar - e até onde minha vista alcançou - já tinha mais de dois milhões de compartilhamentos capilarizados. Já localizei palestrantes que aproveitaram os ganchos do texto e montaram palestras inteiras em cima deles, as quais apresentaram sem qualquer tipo de constrangimento. Apenas um detalhe bobo, que vale a pena constar: **o texto começa falando sobre Ética.** O que reforça automaticamente seu contraponto, que podemos chamar de falta de ética ou, de uma forma mais coloquial, de canalhice mesmo. Aquela canalhice incentivada pelo comportamento que pode até ser comum, mas está longe de ser considerado normal. E que justifica a essência daquilo que se convencionou chamar de crise nos últimos anos. Afinal, equivoca-se quem pensa que vivemos uma crise econômica. Vivemos sim o efeito econômico de uma crise de uma crise de Liderança, que deriva de uma crise de Valores que, por sua vez, tem sua gênese na crise estrutural de Educação que vivemos já há algumas décadas. Quando a referência e exemplo esfarelam-se, vale tudo. Inclusive encontrar um livro sem capa na rua, para o qual você providencia uma tendo seu nome como autor. Este exemplo tangível do livro é o mais próximo para exemplificar o exemplo da capilarização digital indiscriminada.

A conclusão bem-humorada dessa jornada é: se eu tivesse ganho um real por compartilhamento, hoje seria milionário. Mas, prefiro "ressignificar" isso - seja lá o que isso signifique - e acreditar que sou hoje um dos raros casos de autor cuja obra tornou-se domínio público antes mesmo de sua morte. Taí, uma forma bem-humorada de lidar com isso. O problema é que, pela proporção, muita gente que compartilhou já deve ter morrido e outro tanto vai morrer sem nunca saber a origem dele. O que dá absolutamente na mesma: continuo não diria pobre, mas "remediado", e praticamente anônimo perto da proporção que este assunto tomou.

Mas há algo muito bacana nisso tudo, de todas as abordagens que tenho feito com aqueles que compartilham o material no automático, tenho conhecido muito mais gente legal do que canalha, o que me ajuda a não perder a fé na humanidade e a enriquecer aquele que é o nosso principal fator de prosperidade: nossos relacionamentos.

Como sou bem-humorado, mas não sou idiota, tratei de registrar aquele conteúdo, deixando aos cuidados de um escritório especializado em Direitos Autorais a parte chata da coisa, provando pra mim mesmo que o bom humor também ajuda a gente a tomar decisões e a delegar o que precisa ser delegado.

Contei essa história para mostrar de forma prática a que tipo de humor tratamos aqui. Aquele que encara com leveza até mesmo as sacanagens, intencionais ou não, que a vida ou alguns incautos nos pregam, fazendo uso da ironia, do duplo sentido, do espirituoso, escancarando nossas vulnerabilidades ao rirmos de nós mesmos e, justamente por isso, transformando em vantagem aquilo que aparentemente seria uma perda.

A alternativa seria ficar me descabelando, empreendendo uma "cruzada" contra os infiéis do crédito de autoria - algo que até comecei, mas vi que não daria em nada - o que só geraria estresse, dispersão, energia física e mental gasta de forma desnecessária e um estado contínuo de... mau humor.

Logo, seguindo a sabedoria popular que afirma que "cachorro picado por cobra tem medo até de linguiça", preparei este livro de forma que você, caso queira compartilhar algo, fotografe a página e poste nas suas redes com os devidos créditos. Como autor e profissional dedicado à comunicação, à educação e ao desenvolvimento humano, quero mais é que este e outros conteúdos meus sejam compartilhados. E como pessoa, profissional e empreendedor responsável pelos meus atos e trabalhos, faço questão de assumir e assinar a todos, tantos os bons quanto os ruins, assumindo todas as consequências decorrentes deles. Justo, não?

Uma das coisas que essa jornada do bom humor me ensinou é que escassez se combate com abundância. Ao perceber que estava enxugando gelo abordando individualmente pessoas que usavam o conteúdo indevidamente, adotei uma nova estratégia, fazendo uso do mesmo impulso de compartilhamento que transformou aquele conteúdo em um dos mais compartilhados na história da internet no Brasil. Produzi um e-book que, atualmente, está sendo compartilhado em escala crescente, buscando a viralização reversa e colocando os pingos nos 'is' da correta autoria.

Este trabalho, que possui cinquenta páginas e aprofunda-se em cada uma das atitudes que compõem aquela trilha, também está à sua disposição gratuitamente. Como? Envie uma mensagem para e-mail falecom@eduardozugaib.com.br e solicite o seu.

Será um grande prazer conversar contigo.

O quê posso garantir a você?

Você não vai ser apresentado a uma fórmula de sucesso, muito menos ficar rico lendo este livro.

Na pior das hipóteses, lendo os pequenos textos a seguir você terá, no mínimo uma forma de puxar conversa em todos os dias úteis - e nos inúteis também, por que não - com as pessoas com quem você divide a vida, seja em casa, no trajeto do trabalho, no almoço, no *happy hour*, na academia, no elevador, no ônibus, na fila do banco, na sala de espera do proctologista (um dos lugares onde menos se tem assunto nesta vida) enfim, onde houver duas ou mais pessoas dispostas a tornar a vida mais leve, ali estará presente o espírito do bom humor. Para tanto, aqui estão alguns 'gatilhos' para você dar ignição na prosa.

Mas quero considerar a melhor das hipóteses: perceber que estes pequenos pensamentos, tão flexíveis em forma quanto conteúdo, ajudarão você a exercitar ainda mais a sua flexibilidade diante dos desafios da vida, permitindo conhecer sua reação, inclusive fisiológica, diante da estrutura disruptiva do humor, seja através daquele pequeno 'pé-de-galinha' nos cantos dos olhos, indicativo claro de riso contido, ou através de uma sonora gargalhada, escancarada no meio do trabalho. E, assim, notar o quanto os seus níveis de receptividade e flexibilidade permitirão a você conhecer-se melhor e perceber o quanto podemos tornar a vida mais leve, incluindo toda vulnerabilidade que existe nela.

Logo, além da justificativa dos dias úteis, as duas centenas e meia de textos a seguir também servirão para assegurar a probabilidade de que isso aconteça ao menos uma vez. Quem sabe dessa experiência empírica a gente consiga estabelecer até mesmo algum aprofundamento científico?

Que você confirme a si mesmo, como eu confirmei a mim, que com humor tudo se torna mais leve, especialmente nos dias úteis do ano, já que nos inúteis temos mais mesmo é que nos divertir. E perceba que a capacidade de rir de nós mesmos e de todas as nossas mazelas é justamente o ponto inicial para poder lidar melhor com elas, inclusive desarmando a maldade que possa estar ao redor de nós, louca para encontrar uma oportunidade de colocar o dedo em nossas feridas. Quando somos os primeiros a rir de nossas feridas, diminuímos sua importância e não damos à maldade o gostinho de ter encontrado um ponto fraco em nós.

Como descrito na Revolução do Pouquinho, colocamos o coração à frente, abrindo a trilha, e a razão e o ego logo atrás, pavimentando a estrada. E assim, ampliamos a consciência de nós mesmos e de tudo o que de verdade nos permite construir resultados efetivos e, acima de tudo, autênticos. Vivemos de verdade o crescimento pessoal, e não apenas o inchaço emocional promovido por motivadores de qualidade duvidosa, preenchendo o vazio de nosso propósito com discussões bizantinas e causas imaginárias.

Enquanto muitos encampam cotidianas guerras de ódio, bipolaridades partidárias, separatismos, absolutismos, fanatismos, fundamentalismos, cinismos e outros "ismos", que nunca percamos a capacidade de rir de nós mesmos, conscientes de que, no final deste filme, todos nós morreremos.

Divirta-se! Ao final dos 252 textos, tenho um pouco mais de história pra compartilhar com você.

Começando em...

três...

dois...

um...

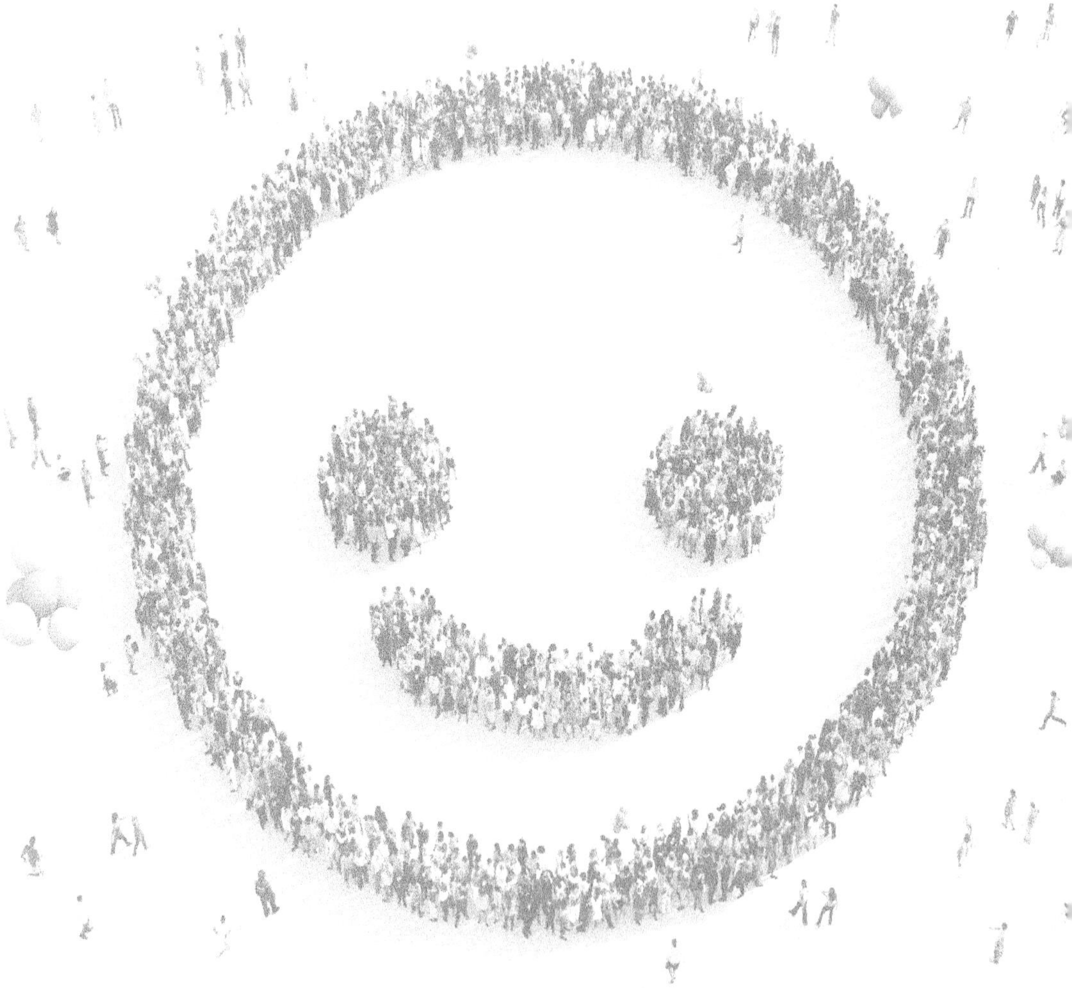

PARTE 2
252 dias úteis de Humor

1º DIA ÚTIL

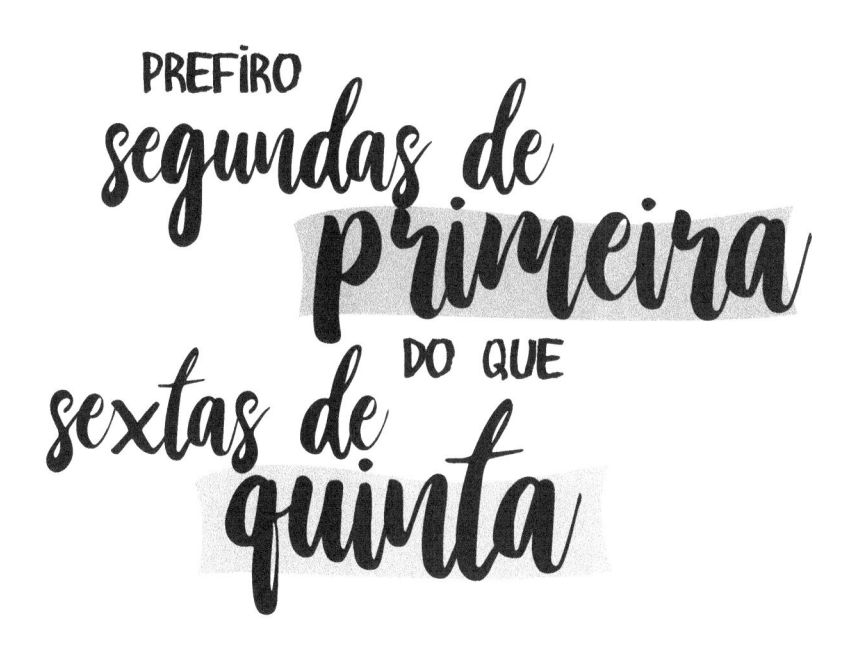

PREFIRO **segundas de primeira** DO QUE **sextas de quinta**

#EduardoZugaib #HumorDeSegundaaSexta

2º DIA ÚTIL

Propósito é aquela corda que você amarra uma ponta na sua *história* e a outra no seu *legado*. E passa a *vida* equilibrando-se em cima dela.

#EduardoZugaib #HumorDeSegundaaSexta

3º DIA ÚTIL

> DESEJO SEMPRE UM EXCELENTE DIA PARA QUEM **NÃO GOSTA** DE MIM.
> ASSIM A PESSOA SE DISTRAI COM O QUE REALMENTE IMPORTA: **SUA PRÓPRIA FELICIDADE.**

#EduardoZugaib #HumorDeSegundaaSexta

4º DIA ÚTIL

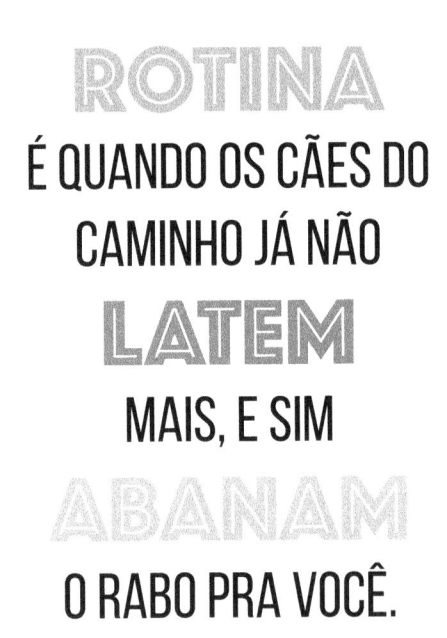

ROTINA É QUANDO OS CÃES DO CAMINHO JÁ NÃO **LATEM** MAIS, E SIM **ABANAM** O RABO PRA VOCÊ.

#EduardoZugaib #HumorDeSegundaaSexta

5º DIA ÚTIL

A COMUNICAÇÃO **SEMPRE** TEM CINCO LADOS:

1. O meu lado;
2. O seu lado;
3. O lado de dentro;
4. O lado de fora;
5. O lado de quem ouviu dizer.

#EduardoZugaib #HumorDeSegundaaSexta

6º DIA ÚTIL

COMO FAZER, PASSO A PASSO:

1. Dê um passo;
2. Depois dê outro.

Repita a operação, quantas vezes necessário.

#EduardoZugaib #HumorDeSegundaaSexta

7º DIA ÚTIL

"

— Como se escreve um **LIVRO**?

— Você sabe escrever **BILHETES**?

— Sim!

— Então... um livro são vários **BILHETES COSTURADOS**.

#EduardoZugaib #HumorDeSegundaaSexta

"

8º DIA ÚTIL

Coisa para se fazer depois dos 30:

rasgar todas as listas de coisas que tentaram te convencer a fazer antes dos 30.

#EduardoZugaib #HumorDeSegundaaSexta

9º DIA ÚTIL

QUANDO SENTIR-SE SEM IMPORTÂNCIA, LEMBRE-SE QUE TEM GENTE QUE COMPRA 'LIKES'

#EduardoZugaib #HumorDeSegundaaSexta

10º DIA ÚTIL

Duas dicas quentes pra ter sucesso em qualquer projeto:

1. COMEÇAR
2. TERMINAR

#EduardoZugaib #HumorDeSegundaaSexta

IIº DIA ÚTIL

Se você tomar remédio,
a gripe passa em 7 dias.
Se não tomar remédio,
passa em 1 semana.
A opção é sua!

#EduardoZugaib #HumorDeSegundaaSexta

12º DIA ÚTIL

Se fosse **FÁCIL**, se chamaria *Miojo*.

#EduardoZugaib #HumorDeSegundaaSexta

13º DIA ÚTIL

Taça meio
VAZIA
ou meio
CHEIA?
Depende da bebida
que servem nela.

#EduardoZugaib #HumorDeSegundaaSexta

14º DIA ÚTIL

A vida ENSINA, mas é o TEMPO que corrige as PROVAS e FECHA a média.

#EduardoZugaib #HumorDeSegundaaSexta

15º DIA ÚTIL

> "Todo conforto tem um preço. Estacionar o carro à sombra de uma grande árvore implica encontrá-lo coberto de cocô de passarinho."

#EduardoZugaib #HumorDeSegundaaSexta

16º DIA ÚTIL

Vida
..... é .....
aquele negócio
curto demais
para perder
com gente de
ALMA MÉDIA
..... e .....
LÍNGUA
GRANDE.

#EduardoZugaib #HumorDeSegundaaSexta

17º DIA ÚTIL

FOCO É O QUE SEPARA QUEM SABE **MINIMIZAR** DE QUEM SÓ SABE mimimizar.

#EduardoZugaib #HumorDeSegundaaSexta

18º DIA ÚTIL

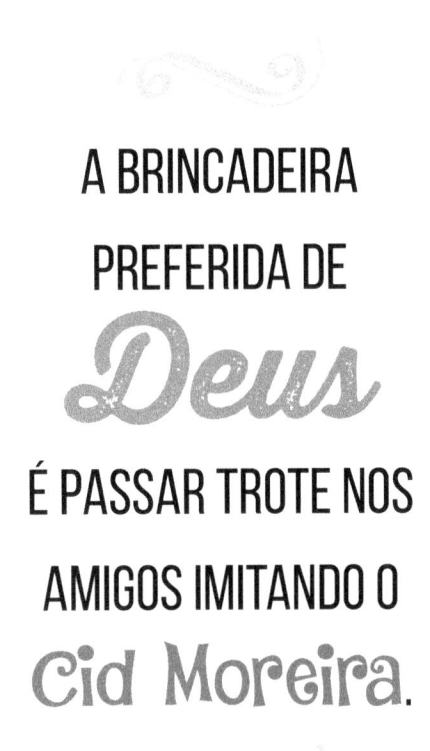

A BRINCADEIRA PREFERIDA DE *Deus* É PASSAR TROTE NOS AMIGOS IMITANDO O *Cid Moreira*.

#EduardoZugaib #HumorDeSegundaaSexta

19º DIA ÚTIL

> "Uma das únicas certezas da vida é a dúvida! Paradoxal isso, não?"

#EduardoZugaib #HumorDeSegundaaSexta

20º DIA ÚTIL

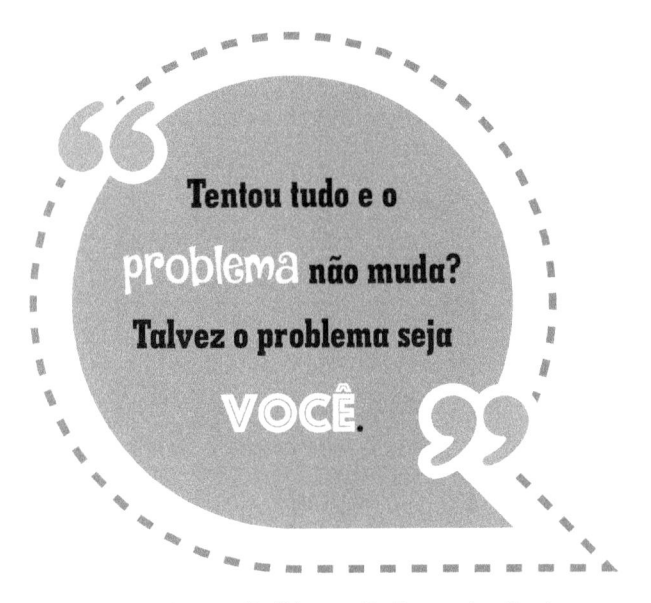

> "Tentou tudo e o problema não muda? Talvez o problema seja VOCÊ."

#EduardoZugaib #HumorDeSegundaaSexta

21º DIA ÚTIL

Sempre que a pergunta começa com:

"– Posso...?"

Há 99% de chances da resposta ser:

"– Não!"

#EduardoZugaib #HumorDeSegundaaSexta

22º DIA ÚTIL

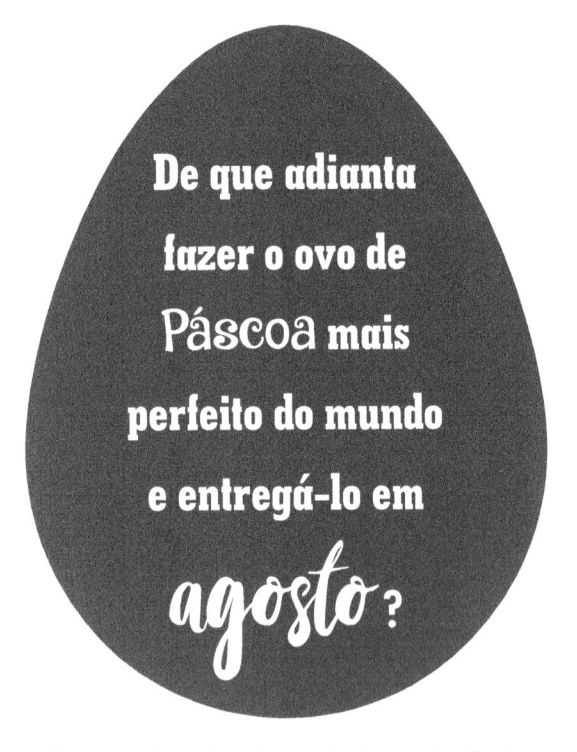

De que adianta fazer o ovo de Páscoa mais perfeito do mundo e entregá-lo em *agosto*?

#EduardoZugaib #HumorDeSegundaaSexta

23º DIA ÚTIL

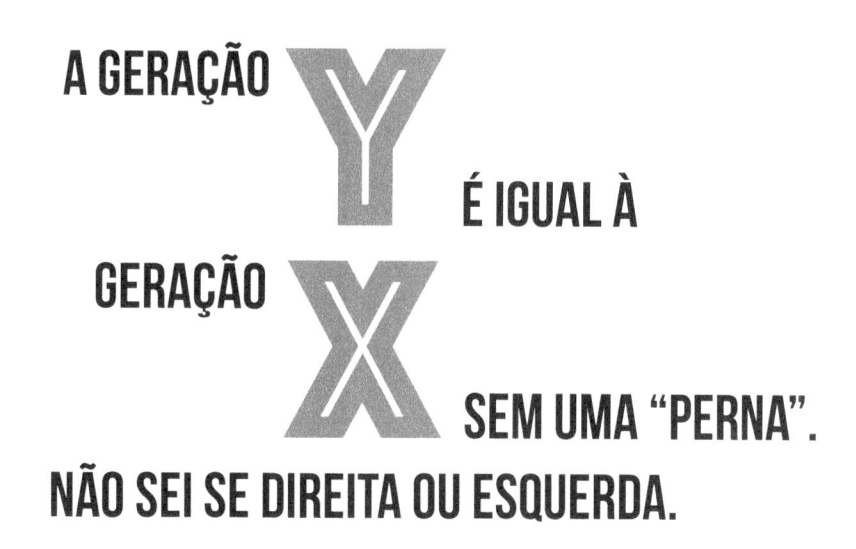

A GERAÇÃO **Y** É IGUAL À GERAÇÃO **X** SEM UMA "PERNA". NÃO SEI SE DIREITA OU ESQUERDA.

#EduardoZugaib #HumorDeSegundaaSexta

24º DIA ÚTIL

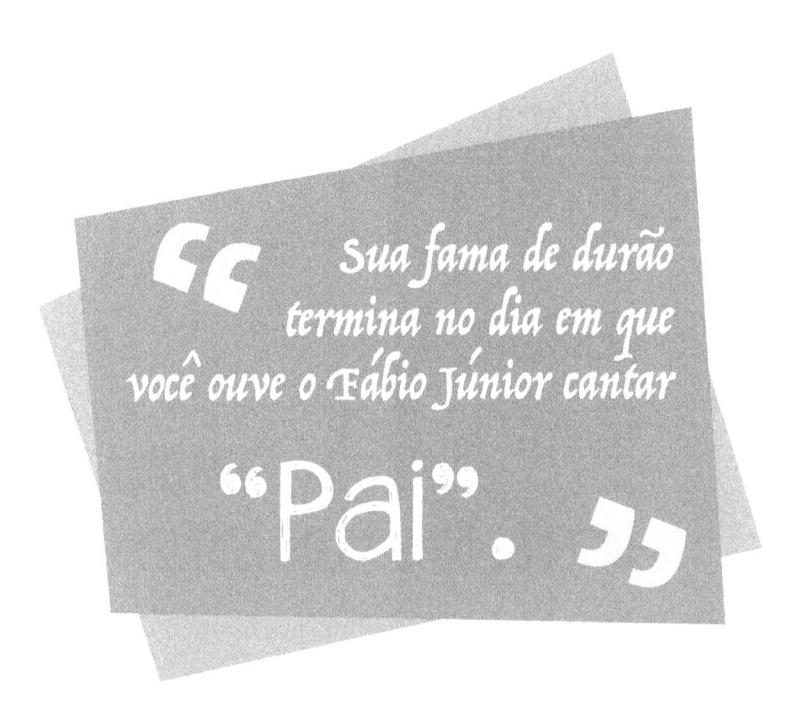

> "Sua fama de durão termina no dia em que você ouve o Fábio Júnior cantar "Pai"."

#EduardoZugaib #HumorDeSegundaaSexta

25º DIA ÚTIL

A SUA VIDA ANDA A PARTIR DO MOMENTO EM QUE VOCÊ ELIMINA A **PERGUNTA**: "O QUE OS OUTROS VÃO **PENSAR DE MIM?**"

#EduardoZugaib #HumorDeSegundaaSexta

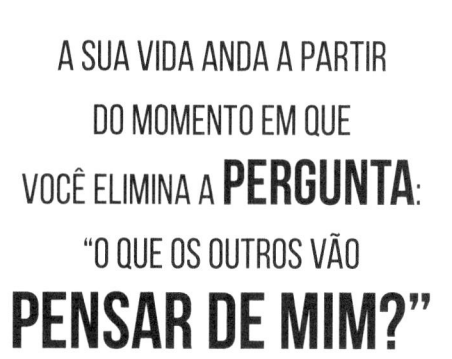

26º DIA ÚTIL

FALTA DE GESTÃO COSTUMA PROVOCAR INDIGESTÃO.

#EduardoZugaib #HumorDeSegundaaSexta

27º DIA ÚTIL

Paradoxo:
"no feriado da Independência, quem é independente costuma trabalhar."

#EduardoZugaib #HumorDeSegundaaSexta

28º DIA ÚTIL

Se os problemas que você cria são as suas "despesas" e os problemas que você resolve são o seu "faturamento", como é que anda a sua "receita", hein?

#EduardoZugaib #HumorDeSegundaaSexta

29º DIA ÚTIL

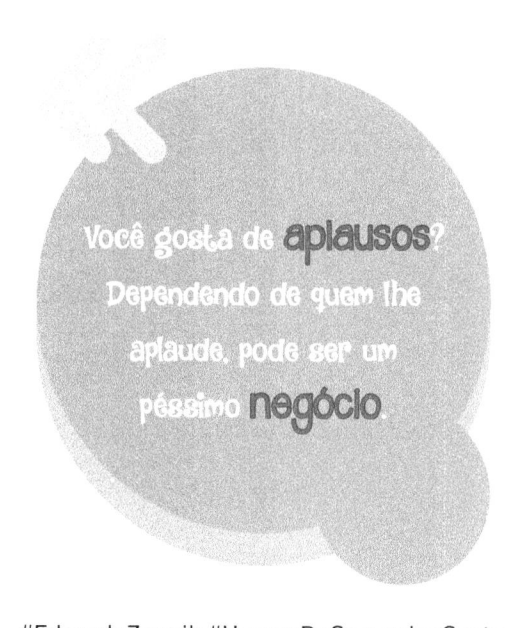

Você gosta de aplausos? Dependendo de quem lhe aplaude, pode ser um péssimo negócio.

#EduardoZugaib #HumorDeSegundaaSexta

30º DIA ÚTIL

Vivia dando com a língua nos dentes. *Um dia deu com os* dentes na língua. *Hoje, só tem* dentes.

#EduardoZugaib #HumorDeSegundaaSexta

31º DIA ÚTIL

> Uma fala de improviso leva uma vida inteira para ser preparada.

#EduardoZugaib #HumorDeSegundaaSexta

32º DIA ÚTIL

> Deus inventou os substantivos.
> O diabo, com inveja, inventou os adjetivos.
> Aí veio o homem e criou os verbos.
> Deu no que deu.

#EduardoZugaib #HumorDeSegundaaSexta

33º DIA ÚTIL

> Quando inventou os adjetivos, o diabo guardou-os em uma caixa bonita, à qual deu o nome de "ego".

#EduardoZugaib #HumorDeSegundaaSexta

34º DIA ÚTIL

Pense bem antes de postar: um pouco antes de morrer a sua timeline inteira, desde os tempos do Orkut, vai passar como um filme na sua mente.

#EduardoZugaib #HumorDeSegundaaSexta

35º DIA ÚTIL

Ouça seu coração. Se ele não disser nada além de "tum-tum", preocupe-se.

#EduardoZugaib #HumorDeSegundaaSexta

36º DIA ÚTIL

Só me permito rir do que conheço.
Torça para que a gente nunca seja apresentado.

#EduardoZugaib #HumorDeSegundaaSexta

37º DIA ÚTIL

Estava olhando em volta e achando tudo estranho. Aí lembrei-me de limpar os **ÓCULOS**

#EduardoZugaib #HumorDeSegundaaSexta

38º DIA ÚTIL

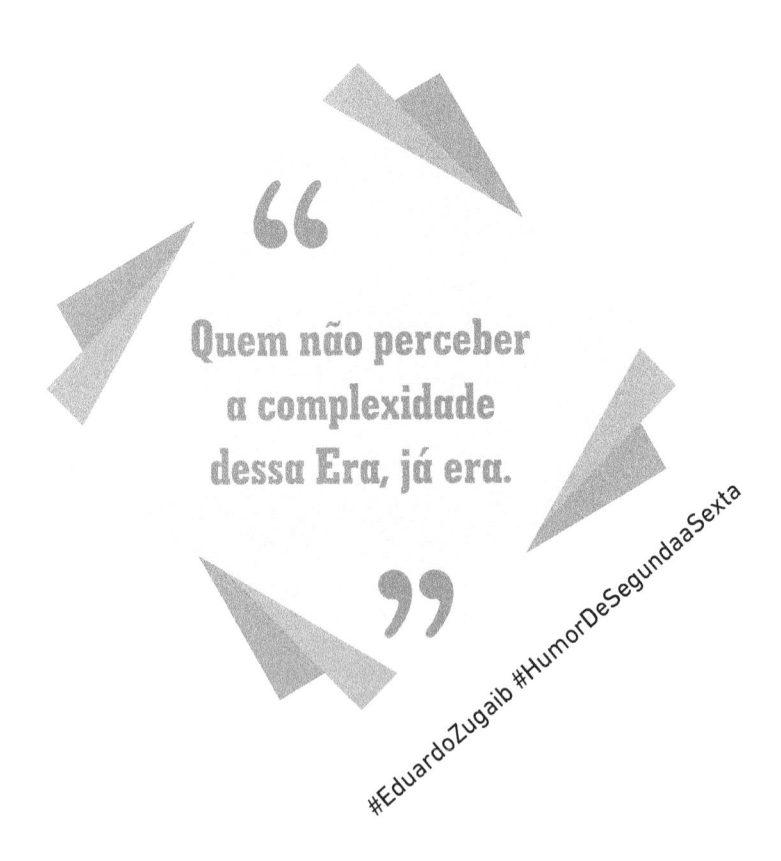

> "Quem não perceber a complexidade dessa Era, já era."

#EduardoZugaib #HumorDeSegundaaSexta

39º DIA ÚTIL

Não mexa comigo! Sempre ando acompanhado de dois amigos

Faixa Preta:
o Rivotril e o Lexotan

#EduardoZugaib #HumorDeSegundaaSexta

40º DIA ÚTIL

TODA **MUDANÇA** DE CASA **TRAZ** DUAS **LIÇÕES** PRECIOSAS SOBRE **DESAPEGO**:

1. Há caixas que você nunca mais vai encontrar;

2. Há caixas que você nunca mais vai abrir.

#EduardoZugaib #HumorDeSegundaaSexta

41º DIA ÚTIL

Não sinta-se *triste* se você não faz o que *sonhou* quando criança: existem *milhões* de *cabides* que um dia nasceram como *bicicletas* e esteiras *ergométricas*.

#EduardoZugaib #HumorDeSegundaaSexta

42º DIA ÚTIL

> Você não gosta que o xinguem? Dependendo de quem o xinga, pode ser um ótimo negócio.

#EduardoZugaib #HumorDeSegundaaSexta

43º DIA ÚTIL

PLEONASO: *característica de quem tem um nariz redundante. O meu, por exemplo.*

#EduardoZugaib #HumorDeSegundaaSexta

44º DIA ÚTIL

QUEM ESPERA PRA VER O QUE VAI DAR, ACABA DANDO O QUE NÃO QUER.

#EduardoZugaib #HumorDeSegundaaSexta

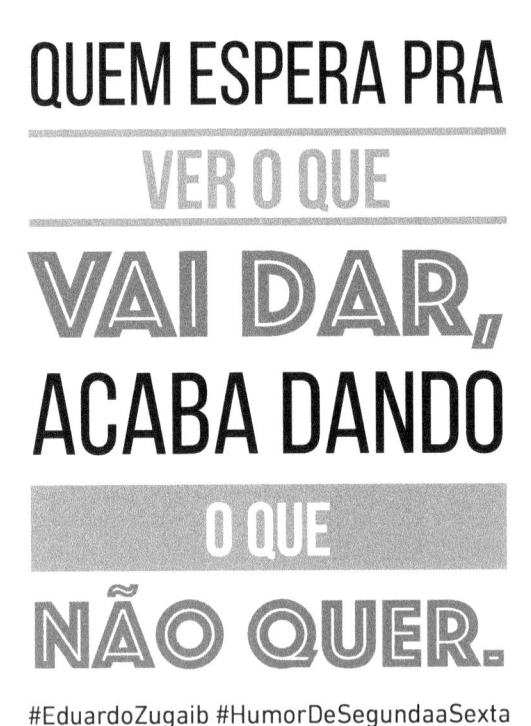

45º DIA ÚTIL

"Orai e vigiai" se diz aos próprios atos. Senão seria *"Orai e cuidai da vida alheia"*.

#EduardoZugaib #HumorDeSegundaaSexta

46º DIA ÚTIL

Aquela estojo de lápis importado, famoso, com centenas de variações de cores e que custa alguns milhares de reais, torna-se completamente inútil se não tiver um apontador de cinquenta centavos por perto.

#EduardoZugaib #HumorDeSegundaaSexta

47º DIA ÚTIL

As maiores TRETAS sempre se escondem atrás de comunicações no diminutivo:

– Tem um minutinho?

– Preciso de um favorzinho!

– É coisinha rápida!

– Dá um jeitinho nisso?

#EduardoZugaib #HumorDeSegundaaSexta

48º DIA ÚTIL

{ NEM *loveback*, NEM fodeback. SÓ O *feedback* **SALVA** }

#EduardoZugaib #HumorDeSegundaaSexta

49º DIA ÚTIL

Em caso de
EMERGÊNCIA,
QUEBRE
os mitos.

#EduardoZugaib #HumorDeSegundaaSexta

50º DIA ÚTIL

"O BRASIL é um país que amplia nossa capacidade pulmonar: cada notícia é uma puxada de ar maior que a anterior."

#EduardoZugaib #HumorDeSegundaaSexta

51º DIA ÚTIL

— Como é nome daquele antidepressivo japonês?

— *Karaokê.*

#EduardoZugaib #HumorDeSegundaaSexta

52º DIA ÚTIL

Gente AZEDA atrai gente AZEDA.

#EduardoZugaib #HumorDeSegundaaSexta

53º DIA ÚTIL

Gente
louca
atrai
gente
louca.

No melhor e no pior sentido.

#EduardoZugaib #HumorDeSegundaaSexta

54º DIA ÚTIL

Em tempos de delação premiada, gente PRESA gera gente PRESA.

#EduardoZugaib #HumorDeSegundaaSexta

55º DIA ÚTIL

O mundo é uma
GRANDE BOLA.
A vida, um
GRANDE BOLETO.

#EduardoZugaib #HumorDeSegundaaSexta

56º DIA ÚTIL

A mudança é uma das certezas da vida. A foto do seu RG comprova isso.

#EduardoZugaib #HumorDeSegundaaSexta

57º DIA ÚTIL

> **GIGANTES** NÃO PERDEM TEMPO COM GNOMOS. SE ESTÃO, DAS DUAS UMA: OU O GIGANTE ENCOLHEU OU O **GNOMO** CRESCEU.

#EduardoZugaib #HumorDeSegundaaSexta

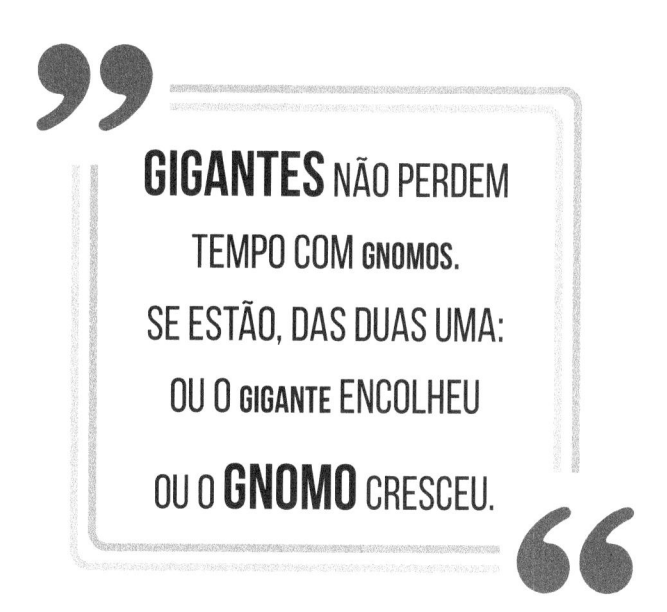

58º DIA ÚTIL

{ *Prolixo?* **PRO LIXO.** }

#EduardoZugaib #HumorDeSegundaaSexta

59º DIA ÚTIL

> *Quem com mimimi mimimiza, com mimimi será mimimizado.*

#EduardoZugaib #HumorDeSegundaaSexta

60º DIA ÚTIL

> **Adivinha qual capa virá com meu nome em destaque mês que vem? EXAME!! Dentro, serão 3 páginas: sangue, urina e fezes.**

#EduardoZugaib #HumorDeSegundaaSexta

61º DIA ÚTIL

Fé, foco e força.

E também FOFURA e FAROFA,
pois com MAU HUMOR e FOME, não dá!

#EduardoZugaib #HumorDeSegundaaSexta

62º DIA ÚTIL

> *O Universo conspira se você se inspira e, principalmente, transpira. Necessariamente nesta ordem.*

#EduardoZugaib #HumorDeSegundaaSexta

63º DIA ÚTIL

— É FACA NO ZÓIO E SANGUE NA CAVEIRAAA!!!

gritou o profissional motivado, porém incompetente.

#EduardoZugaib #HumorDeSegundaaSexta

64º DIA ÚTIL

Quando a pessoa precisa afirmar a todo instante que é ética, honesta e profissional, pode procurar que aí tem.

#EduardoZugaib #HumorDeSegundaaSexta

65º DIA ÚTIL

– Puxa... você está sumidão, hein?
– É... tenho feito muitos retiros...
– Sério?
– Sim... sempre que vejo você chegando, eu ME RETIRO...

#EduardoZugaib #HumorDeSegundaaSexta

66º DIA ÚTIL

A MELHOR FORMA DE MANTER PRATELEIRAS EM ORDEM É NÃO TENDO PRATELEIRAS.

#EduardoZugaib #HumorDeSegundaaSexta

67º DIA ÚTIL

"Quem quebra uma regra sem conhecê-la não pode ser chamado de inovador. Ou é vândalo ou é desastrado mesmo."

#EduardoZugaib #HumorDeSegundaaSexta

68º DIA ÚTIL

Dilema é ter um pé de manjericão em casa: se quiser flores, nunca terá folhas boas; se quiser folhas boas, terá que podar as flores sem dó.

#EduardoZugaib #HumorDeSegundaaSexta

69º DIA ÚTIL

"Sucesso é o que sobra quando você subtrai os problemas que você cria dos problemas que resolve."

#EduardoZugaib #HumorDeSegundaaSexta

70º DIA ÚTIL

Deve ser *karma.* **Portanto, vai com** CARMA, SÔ!

#EduardoZugaib #HumorDeSegundaaSexta

71º DIA ÚTIL

Definiu a meta? Então meta a CARA.

#EduardoZugaib #HumorDeSegundaaSexta

72º DIA ÚTIL

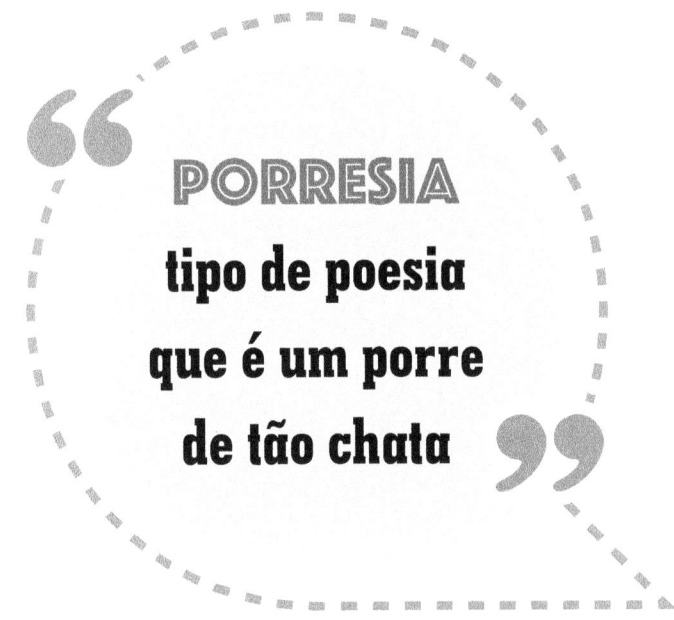

> **PORRESIA**
> tipo de poesia
> que é um porre
> de tão chata

#EduardoZugaib #HumorDeSegundaaSexta

73º DIA ÚTIL

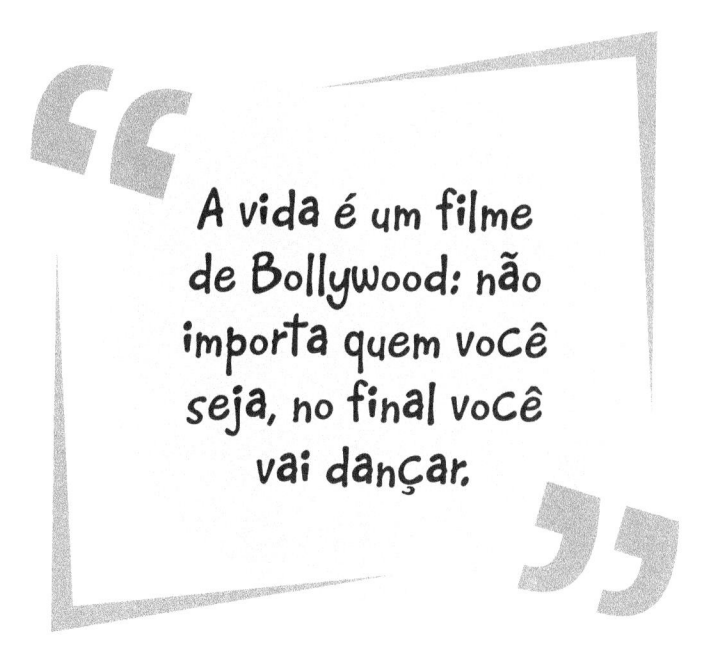

> "A vida é um filme de Bollywood: não importa quem você seja, no final você vai dançar."

#EduardoZugaib #HumorDeSegundaaSexta

74º DIA ÚTIL

VOCÊ COMEÇA A *morrer* NO DIA QUE PERDE A CAPACIDADE DE *rir* DAS GRANDES BOBAGENS QUE VOCÊ MESMO FAZ.

#EduardoZugaib #HumorDeSegundaaSexta

75º DIA ÚTIL

Eu ia escrever algo relacionado à dispersão, mas me distraí.

#EduardoZugaib #HumorDeSegundaaSexta

76º DIA ÚTIL

QUEM RECLAMA QUE NÃO HÁ VAGAS QUER TRABALHAR OU ESTACIONAR?

#EduardoZugaib #HumorDeSegundaaSexta

77º DIA ÚTIL

Há muito "lorotelling" disfarçado de *storytelling* por aí.

#EduardoZugaib #HumorDeSegundaaSexta

78º DIA ÚTIL

ERA TÃO ARROGANTE, QUE SEU PERFIL DISC DIVIDIA-SE EM:

- 33% Convencido
- 32% Desagradável
- 15% Soberbo
- 20% Insuportável

#EduardoZugaib #HumorDeSegundaaSexta

79º DIA ÚTIL

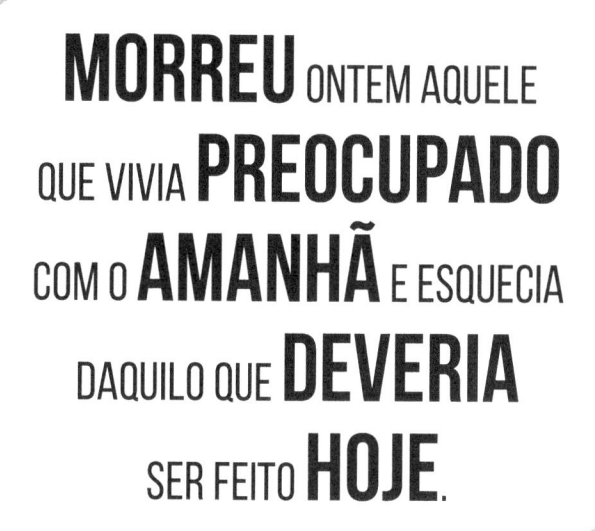

> **MORREU** ONTEM AQUELE QUE VIVIA **PREOCUPADO** COM O **AMANHÃ** E ESQUECIA DAQUILO QUE **DEVERIA** SER FEITO **HOJE**.

#EduardoZugaib #HumorDeSegundaaSexta

80º DIA ÚTIL

> "Certas crenças são como um sapato dois números menor. Depois de um tempo acreditamos que ele laceou, quando na verdade, foi o pé que encolheu."

#EduardoZugaib #HumorDeSegundaaSexta

81º DIA ÚTIL

Na dúvida,
ULTRAPASSE-SE

#EduardoZugaib #HumorDeSegundaaSexta

82º DIA ÚTIL

No planejamento estava escrito: **CRESCEI-VOS E MULTIPLICAI-VOS.** Na execução, só pensaram no multiplicai-vos. Deu nisso.

#EduardoZugaib #HumorDeSegundaaSexta

83º DIA ÚTIL

Start up é fácil. Quero ver keep up.

#EduardoZugaib #HumorDeSegundaaSexta

84º DIA ÚTIL

> "Hipocondríaco, não.
> Sou um entusiasta
> e *test driver* da ciência."

#EduardoZugaib #HumorDeSegundaaSexta

85º DIA ÚTIL

Quando o vinho e a amizade são autênticos, não há ressaca nem dor de cabeça no dia seguinte.

#EduardoZugaib #HumorDeSegundaaSexta

86º DIA ÚTIL

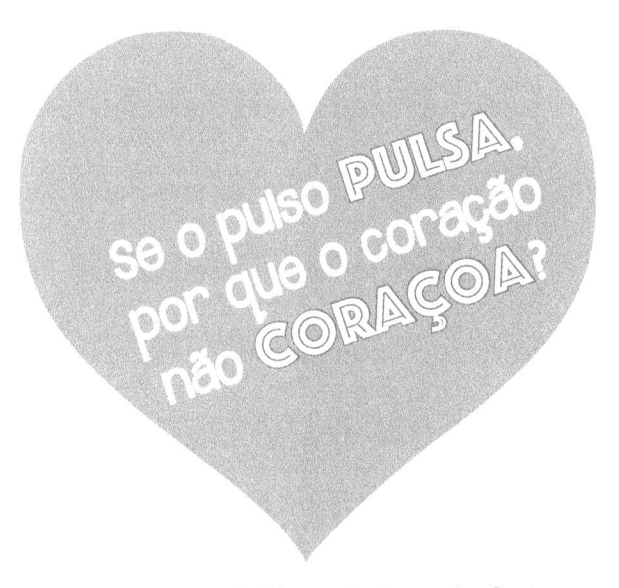

Se o pulso PULSA, por que o coração não CORAÇOA?

#EduardoZugaib #HumorDeSegundaaSexta

87º DIA ÚTIL

Das oportunidades perdidas na vida, a de "ficar quieto" é a que mais causa remorso.

#EduardoZugaib #HumorDeSegundaaSexta

88º DIA ÚTIL

As gravatas italianas não são caras. Caro é buscá-las lá.

#EduardoZugaib #HumorDeSegundaaSexta

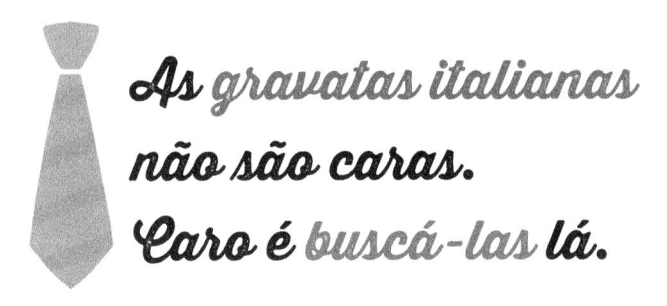

89º DIA ÚTIL

OU fazes OU FEZES.

#EduardoZugaib #HumorDeSegundaaSexta

90º DIA ÚTIL

{ Focou tanto no cifrão
que acabou levando
um chifrão }

#EduardoZugaib #HumorDeSegundaaSexta

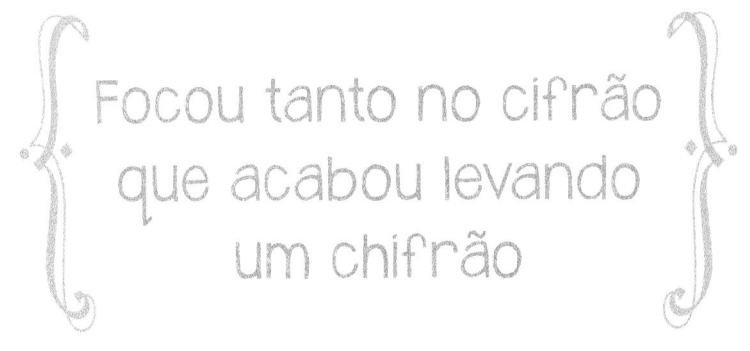

91º DIA ÚTIL

> Queria escrever um livro
> do tipo "Como Fazer".
> Como não sabia fazer,
> nem comecei.

#EduardoZugaib #HumorDeSegundaaSexta

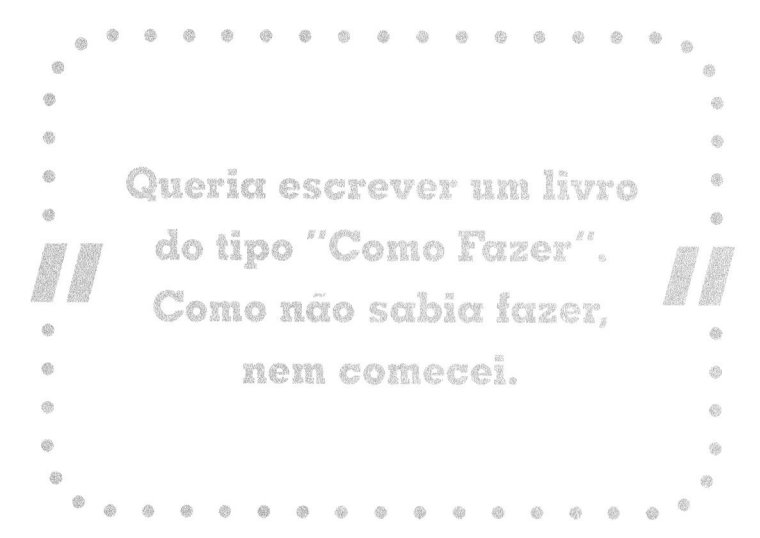

92º DIA ÚTIL

PRA QUEM JÁ ENTROU NO PRÉDIO ERRADO, QUALQUER ANDAR SERVE.

#EduardoZugaib #HumorDeSegundaaSexta

93º DIA ÚTIL

Não confunda
let it go com *let's go*.
Isso pode fazer uma
diferença danada
na sua vida.

#EduardoZugaib #HumorDeSegundaaSexta

94º DIA ÚTIL

No mundo atual, ainda é preciso "matar um leão por dia". A diferença é que temos que usar agulhas de acupuntura.

#EduardoZugaib #HumorDeSegundaaSexta

95º DIA ÚTIL

"O dedo na ferida do homem é dizer como ele deve fazer.
O dedo na ferida da mulher é dizer como ela deve se sentir."

#EduardoZugaib #HumorDeSegundaaSexta

96º DIA ÚTIL

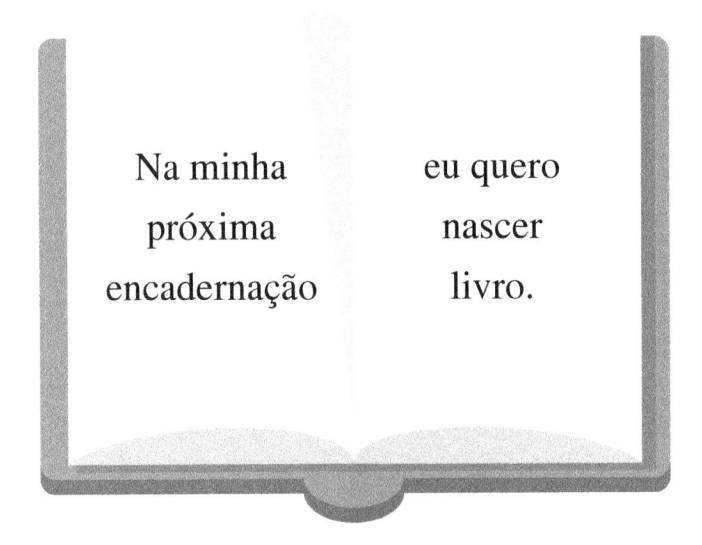

Na minha próxima encadernação eu quero nascer livro.

#EduardoZugaib #HumorDeSegundaaSexta

97º DIA ÚTIL

{ Acho **BORING** demais essa mania de usar termos em **INGLÊS**. }

#EduardoZugaib #HumorDeSegundaaSexta

98º DIA ÚTIL

— FULANO É FORA DA CAIXA...

— Fora da caixa? O cara é fora da caixa que caiu pra fora do carro que capotou fora da curva...

#EduardoZugaib #HumorDeSegundaaSexta

99º DIA ÚTIL

> Quem disse que não faço
> **ATIVIDADE FÍSICA?**
> Toda manhã eu levanto
> **95 QUILOS** da cama e carrego-os
> comigo o dia inteiro!
>
> #EduardoZugaib #HumorDeSegundaaSexta

100º DIA ÚTIL

JÁ FALOU mil vezes a mesma coisa? Tente a milésima primeira de um jeito diferente.

#EduardoZugaib #HumorDeSegundaaSexta

101º DIA ÚTIL

— Analisamos seu desempenho no último ano e decidimos lhe fazer um convite irrecusável!
— Até que enfim reconheceram meu talento e dedicação. Qual é convite?
— **Convidamos você a se retirar da nossa empresa até as 18h.**

#EduardoZugaib #HumorDeSegundaaSexta

102º DIA ÚTIL

Encerrando uma discussão que já dura mais de 150 anos: **Adão foi o nome do primeiro macaco.**

#EduardoZugaib #HumorDeSegundaaSexta

103º DIA ÚTIL

EXISTEM DOIS TIPOS DE

HAPPY HOUR:

OS DE ASSUNTO QUENTE E CERVEJA GELADA E OS DE CERVEJA QUENTE E ASSUNTOS GELADOS.

#EduardoZugaib #HumorDeSegundaaSexta

104º DIA ÚTIL

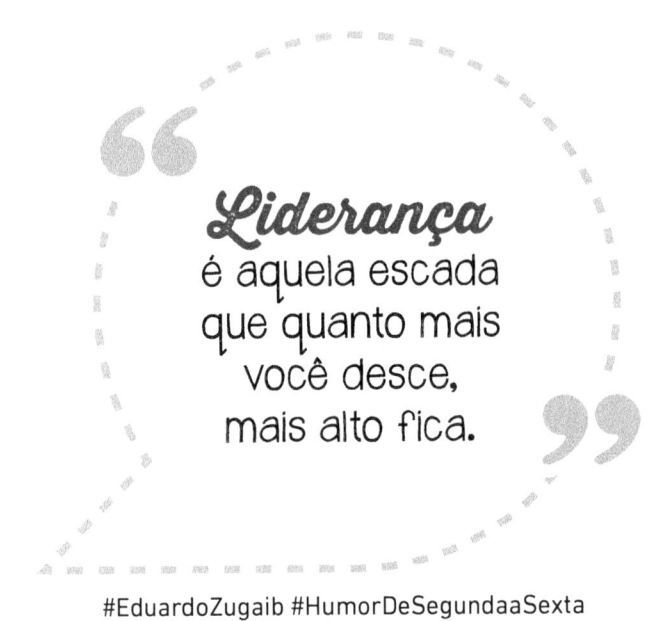

> *Liderança* é aquela escada que quanto mais você desce, mais alto fica.

#EduardoZugaib #HumorDeSegundaaSexta

105º DIA ÚTIL

"Na dúvida, consulte sempre um caipira."

#EduardoZugaib #HumorDeSegundaaSexta

106º DIA ÚTIL

"— Trago verdades!
E você?
— Trago boletos!
Assine aqui,
por favor..."

#EduardoZugaib #HumorDeSegundaaSexta

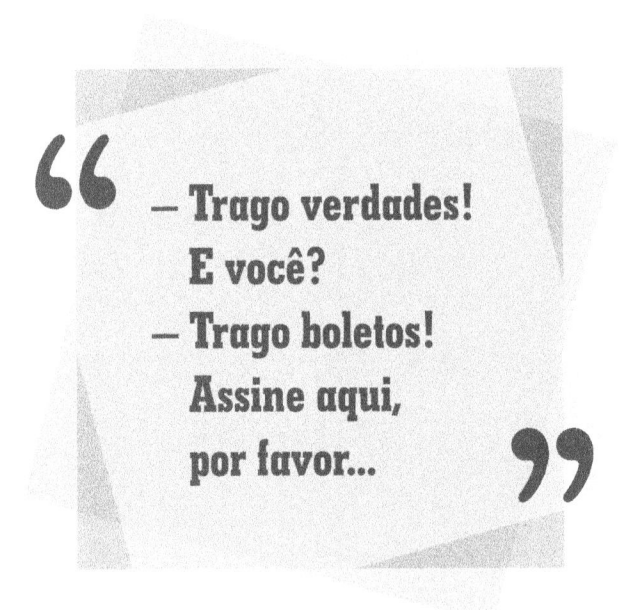

107º DIA ÚTIL

> *Inteligente é quem vive sempre em dúvida. Já o burro não cansa de desfilar certezas por aí.*

#EduardoZugaib #HumorDeSegundaaSexta

108º DIA ÚTIL

Se todo mundo aplaude tudo que você fala, *parabéns*: você é o chefe!

#EduardoZugaib #HumorDeSegundaaSexta

109º DIA ÚTIL

> Todo Curso de Oratória deveria ter uma "lição zero": *"Se não tiver o que dizer, fique quieto"*.

#EduardoZugaib #HumorDeSegundaaSexta

110º DIA ÚTIL

> "Evolui bastante como *sommelier*: já sei diferenciar um vinho tinto de um branco"

#EduardoZugaib #HumorDeSegundaaSexta

IIIº DIA ÚTIL

Não importa a marca, a potência, o modelo, a cor, o tamanho, o volume que comporta, a quantidade de funções, se ele cozinha, se assa, se grelha, gratina, doura, se a bandeja gira uniformemente nos sentidos horário e anti-horário, se veio acompanhado de um livro com mais de 100 receitas... o seu forno micro-ondas está condenado apenas a:

1. Esquentar leite e outros pratos;
2. Descongelar alimentos;
3. Estourar pipoca.

#EduardoZugaib #HumorDeSegundaaSexta

112º DIA ÚTIL

> "A vida é como um grande Poupatempo. Pra cada necessidade, há uma ou mais filas diferentes. Logo, defina que catzo você vai procurar lá, pra não perder tempo na fila errada.

#EduardoZugaib #HumorDeSegundaaSexta

113º DIA ÚTIL

PEDRAS NO CAMINHO?
Guardo todas. Espere só chegar o ESTILINGUE que eu comprei no Mercado Livre.

#EduardoZugaib #HumorDeSegundaaSexta

114º DIA ÚTIL

Se o "bonitinho"
é um feio arrumadinho,

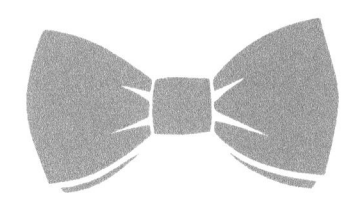

o "estiloso" é o quê?
Um feio arrojado?

#EduardoZugaib #HumorDeSegundaaSexta

115º DIA ÚTIL

Penso, logo existo.

(Descartes original)

#EduardoZugaib #HumorDeSegundaaSexta

116º DIA ÚTIL

Penso, logo insisto.

(Descartes chato)

#EduardoZugaib #HumorDeSegundaaSexta

117º DIA ÚTIL

Penso, logo desisto.

(Descartes desanimado)

#EduardoZugaib #HumorDeSegundaaSexta

118º DIA ÚTIL

Pensando
se existo.

(Descartes em crise)

#EduardoZugaib #HumorDeSegundaaSexta

119º DIA ÚTIL

Penso, logo nem ligo.

(Descartes desapegado)

#EduardoZugaib #HumorDeSegundaaSexta

120º DIA ÚTIL

Penso, *logo resisto.*

(Descartes teimoso)

#EduardoZugaib #HumorDeSegundaaSexta

121º DIA ÚTIL

Nem penso.

(Descartes nem aí)

#EduardoZugaib #HumorDeSegundaaSexta

122º DIA ÚTIL

Agradou ou desagradou 100%? É 100% certeza ter feito uma grande besteira.

#EduardoZugaib #HumorDeSegundaaSexta

123º DIA ÚTIL

"Mil farão *'glu-glu'* ao nosso lado. Dez mil gritarão *'iááiii'* à nossa direita. Mas nós diremos apenas *'iê-iéééé'*..."

#EduardoZugaib #HumorDeSegundaaSexta

124º DIA ÚTIL

Diga-me a #hashtag que usas, que direi quem és.

#EduardoZugaib #HumorDeSegundaaSexta

125º DIA ÚTIL

Sozinho a gente não consegue ser nada nessa vida. Nem **CORNO**

#EduardoZugaib #HumorDeSegundaaSexta

126º DIA ÚTIL

O que não mata, engorda.

(Nietzsche, de férias no Brasil)

#EduardoZugaib #HumorDeSegundaaSexta

127º DIA ÚTIL

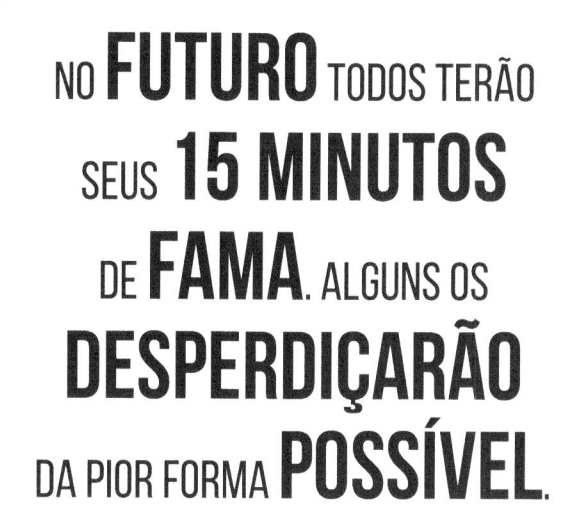

> NO **FUTURO** TODOS TERÃO SEUS **15 MINUTOS** DE **FAMA**. ALGUNS OS **DESPERDIÇARÃO** DA PIOR FORMA **POSSÍVEL**.
>
> (ANDY WARHOL, REVISITADO)

#EduardoZugaib #HumorDeSegundaaSexta

128º DIA ÚTIL

Fábrica de bengalas contrata pau que nasceu torto.
PAGA-SE BEM.

#EduardoZugaib #HumorDeSegundaaSexta

129º DIA ÚTIL

O que você sente num restaurante quando começam a cantar "parabéns" em outra mesa, diz muito sobre quem você é.

#EduardoZugaib #HumorDeSegundaaSexta

130º DIA ÚTIL

"
Estudos comprovam que a economia só vai voltar a crescer quando as empresas pararem de usar na propaganda a frase "o aniversário é nosso, mas quem ganha o presente é você"

#EduardoZugaib #HumorDeSegundaaSexta
"

131º DIA ÚTIL

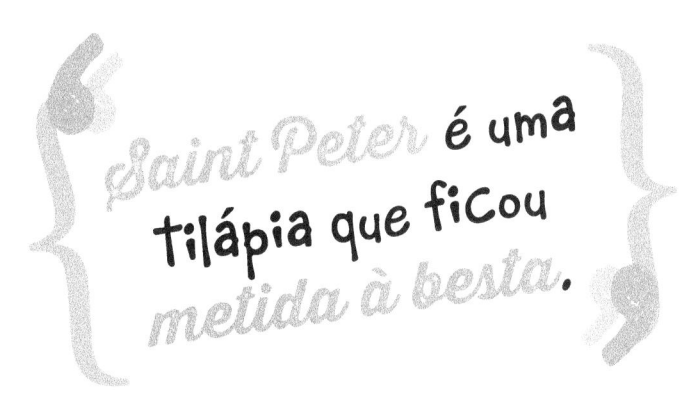

Saint Peter é uma tilápia que ficou metida à besta.

#EduardoZugaib #HumorDeSegundaaSexta

132º DIA ÚTIL

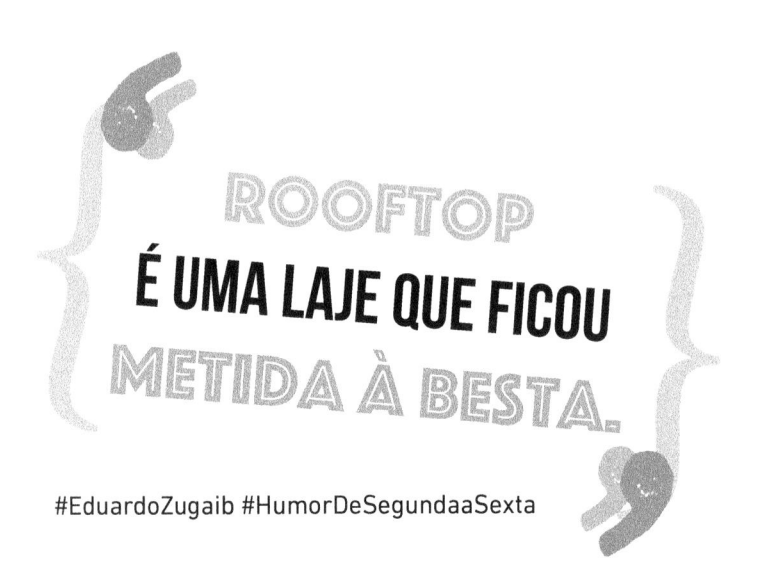

{ ROOFTOP
É UMA LAJE QUE FICOU
METIDA À BESTA. }

#EduardoZugaib #HumorDeSegundaaSexta

133º DIA ÚTIL

> Você aprende a diferença entre amigo, colega e conhecido quando precisa organizar uma festa com lugares limitados.

#EduardoZugaib #HumorDeSegundaaSexta

134º DIA ÚTIL

Vivia com o *rei na barriga.*

Morreu de ÚLCERA.

#EduardoZugaib #HumorDeSegundaaSexta

135º DIA ÚTIL

> *Conselho do dia:*
> verifique se quem aconselha você segue os próprios conselhos.

#EduardoZugaib #HumorDeSegundaaSexta

136º DIA ÚTIL

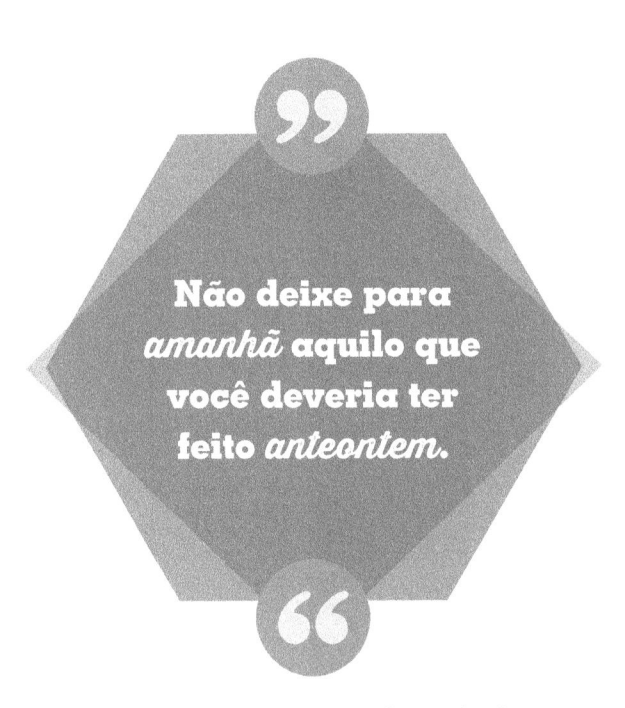

> Não deixe para *amanhã* aquilo que você deveria ter feito *anteontem*.

#EduardoZugaib #HumorDeSegundaaSexta

137º DIA ÚTIL

> Não é água com açúcar, nem água com sal. Em alguns casos, só aguardente mesmo é o que acalma.

#EduardoZugaib #HumorDeSegundaaSexta

138º DIA ÚTIL

> Era tanta autoestima que, ao postar algo, a primeira curtida que recebia era a sua própria.

#EduardoZugaib #HumorDeSegundaaSexta

139º DIA ÚTIL

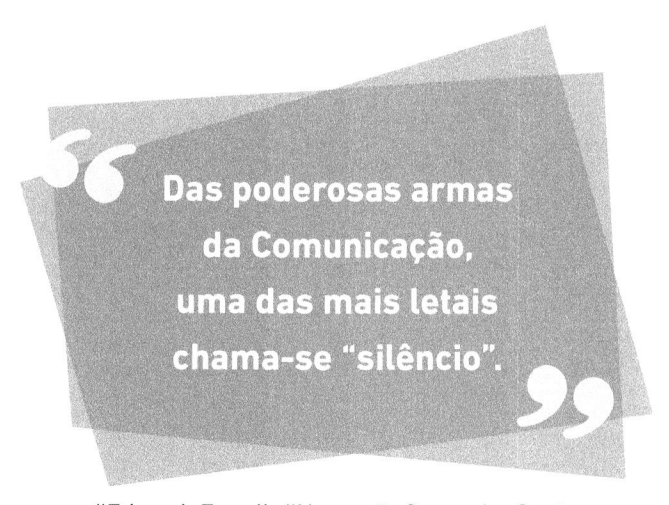

> "Das poderosas armas da Comunicação, uma das mais letais chama-se "silêncio"."

#EduardoZugaib #HumorDeSegundaaSexta

140º DIA ÚTIL

O SEGREDO DO SUCESSO É NÃO CONTAR SEGREDOS POR AÍ.

#EduardoZugaib #HumorDeSegundaaSexta

141º DIA ÚTIL

A mudança é uma grande certeza da vida. Contratar a Granero, apenas uma opção.

#EduardoZugaib #HumorDeSegundaaSexta

142º DIA ÚTIL

> "Meia-idade é quando você vai à academia não com a pretensão de ficar mais forte, e sim mais magro.

#EduardoZugaib #HumorDeSegundaaSexta

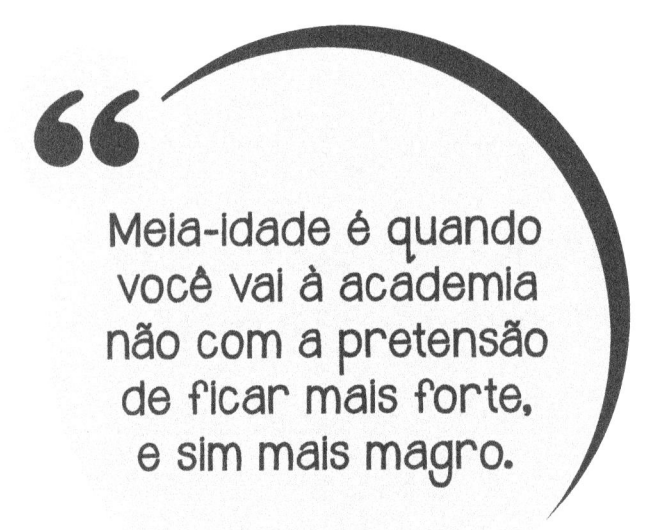

143º DIA ÚTIL

Dica do dia:
não leve dicas
tão a sério.

#EduardoZugaib #HumorDeSegundaaSexta

144º DIA ÚTIL

Tenho mais medo de amigo secreto do que de inimigo declarado. Do primeiro você nunca sabe o que vem.

#EduardoZugaib #HumorDeSegundaaSexta

145º DIA ÚTIL

Em reunião na empresa ou em festa da família, quem falta vira pauta.

#EduardoZugaib #HumorDeSegundaaSexta

146º DIA ÚTIL

— Me disseram que você nada!
— Sim...
— Que legal! Qual estilo você prefere?
— Estilo "nada" mesmo...

#EduardoZugaib #HumorDeSegundaaSexta

147º DIA ÚTIL

— GOSTOSURAS OU TRAVESSURAS?
— TRANSFERÊNCIA EM CONTA, POR FAVOR!

#EduardoZugaib #HumorDeSegundaaSexta

148º DIA ÚTIL

É MUITA *start*

PRA POUCO *up*

#EduardoZugaib #HumorDeSegundaaSexta

149º DIA ÚTIL

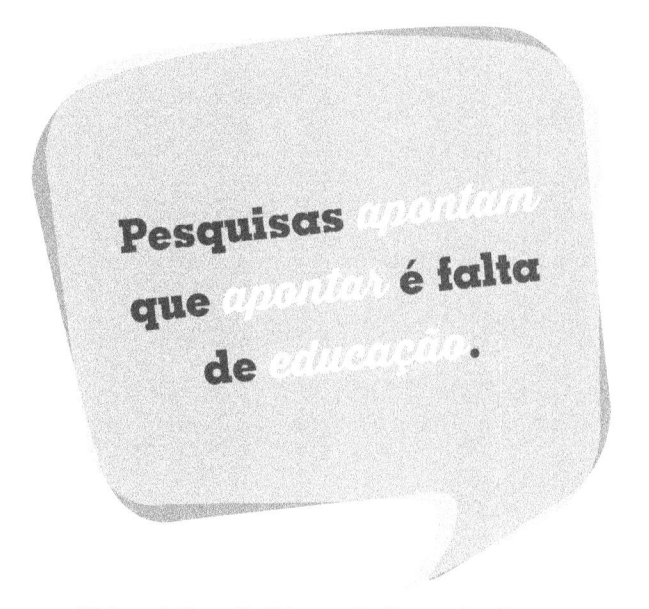

Pesquisas *apontam* que *apontar* é falta de *educação*.

#EduardoZugaib #HumorDeSegundaaSexta

150º DIA ÚTIL

"— Ah, deixa rolar, nem tô!
Deixou.
Rolou ladeira abaixo.
Não está mais entre nós."

#EduardoZugaib #HumorDeSegundaaSexta

151º DIA ÚTIL

"E quando VOCÊ menos ESPERA, PERCEBE que esperou DEMAIS."

#EduardoZugaib #HumorDeSegundaaSexta

152º DIA ÚTIL

> TODO MUNDO **HISTÉRICO** PELO POLITICAMENTE **CORRETO**. TODO MUNDO **QUIETO** PELO CORRETAMENTE **POLÍTICO**.

#EduardoZugaib #HumorDeSegundaaSexta

153º DIA ÚTIL

Reputação é como celular PRÉ-PAGO: tem que manter sempre com CRÉDITO, para não ficar sem quando você mais PRECISA.

#EduardoZugaib #HumorDeSegundaaSexta

154º DIA ÚTIL

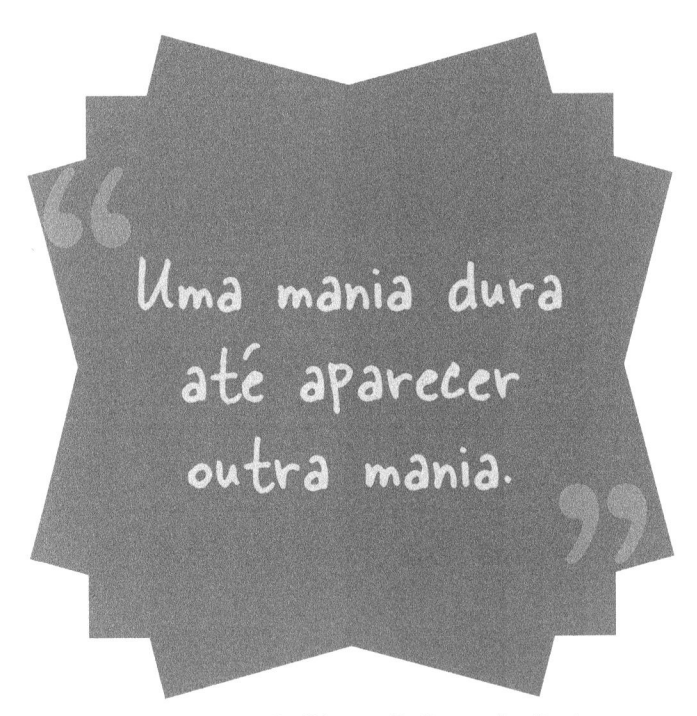

> "Uma mania dura até aparecer outra mania."

#EduardoZugaib #HumorDeSegundaaSexta

155º DIA ÚTIL

NÃO ESQUENTE, QUE VOCÊ ACABA FERVENDO. NÃO FERVA, QUE VOCÊ ACABA EVAPORANDO. E VAI QUE VOCÊ NÃO CONDENSA DE NOVO, NÉ?

#EduardoZugaib #HumorDeSegundaaSexta

156º DIA ÚTIL

Fiquei muito emocionado
pelas duas indicações
do meu nome à Academia!
E bem preocupado por terem
sido meu cardiologista
e minha nutricionista.

#EduardoZugaib #HumorDeSegundaaSexta

157º DIA ÚTIL

> Coisas que nasceram pra circular: guarda-chuvas, canetas bic, dinheiro e gentileza.

#EduardoZugaib #HumorDeSegundaaSexta

158º DIA ÚTIL

O **NÃO** é original de fábrica, veio em você.

Já o **SIM** requer um gasto extra.

#EduardoZugaib #HumorDeSegundaaSexta

159º DIA ÚTIL

"QUE A FORCA ESTEJA COM VOCÊ".

Que falta faz uma simples cedilha, hein?

#EduardoZugaib #HumorDeSegundaaSexta

160º DIA ÚTIL

Algumas reuniões são música para os ouvidos. De ninar.

#EduardoZugaib #HumorDeSegundaaSexta

161º DIA ÚTIL

Vida profissional é aquela corda bamba com uma ponta amarrada no dinheiro e a outra na realização.

#EduardoZugaib #HumorDeSegundaaSexta

162º DIA ÚTIL

> Existem dois tipos de motociclistas: os que já CAÍRAM e os que ainda vão CAIR.

#EduardoZugaib #HumorDeSegundaaSexta

163º DIA ÚTIL

Aprenda de uma vez por todas: **FOCO** não é o marido da **FOCA**.

#EduardoZugaib #HumorDeSegundaaSexta

164º DIA ÚTIL

Quando alguém disser pra você:
– Entendeu ou quer que eu desenhe?
Vire o jogo respondendo educadamente:
– Desenhe, por gentileza!
A probabilidade da pessoa realmente saber desenhar é bem pequena.

#EduardoZugaib #HumorDeSegundaaSexta

165º DIA ÚTIL

> *Filosofoca:*
> ato de filosofar
> em relação à
> existência alheia.

#EduardoZugaib #HumorDeSegundaaSexta

166º DIA ÚTIL

Tão PERIGOSO quanto o sucesso é quando o FRACASSO sobe à cabeça.

#EduardoZugaib #HumorDeSegundaaSexta

167º DIA ÚTIL

> "Cuidado com altas expectativas: se convidarem você para uma *Noite de Caldos*, certifique-se que não são *Caldos Knorr*, *Maggi* ou *Sazón*."

#EduardoZugaib #HumorDeSegundaaSexta

168º DIA ÚTIL

> "No trabalho era contra tudo. Só não era *contracheque*."

#EduardoZugaib #HumorDeSegundaaSexta

169º DIA ÚTIL

NÃO MINTA

~~MENTIRA~~

NEM DE

~~MENTIRINHA~~

#EduardoZugaib #HumorDeSegundaaSexta

170º DIA ÚTIL

Pesquisas indicam que as BARATAS da vida real têm a mesma coragem dos valentões das redes sociais.

#EduardoZugaib #HumorDeSegundaaSexta

171º DIA ÚTIL

Palpite é o nome que se dá ao conselho que *não se pediu.*

#EduardoZugaib #HumorDeSegundaaSexta

172º DIA ÚTIL

FELICIDADE É TRANSFORMAR UMA GARRAFA DE **VINHO TINTO SECO** EM UMA GARRAFA DE **VINHO TINTO SECA.**

#EduardoZugaib #HumorDeSegundaaSexta

173º DIA ÚTIL

Metade de mim é *analítica*,
metade é *intuitiva*,
metade é *comunicativa*
e a última metade não é
muito boa em *matemática*.

#EduardoZugaib #HumorDeSegundaaSexta

174º DIA ÚTIL

— Os olhos são as janelas da alma...
— E os óculos?

— São as vidraças, uai!

#EduardoZugaib #HumorDeSegundaaSexta

175º DIA ÚTIL

"Toda pessoa deveria estudar direito. Principalmente se for estudar **Direito**."

#EduardoZugaib #HumorDeSegundaaSexta

176º DIA ÚTIL

TIRE O "S" DA CRISE E DÊ DE PRESENTE PARA ALGUÉM QUE ESCREVA "ANCIOSO".

#EduardoZugaib #HumorDeSegundaaSexta

177º DIA ÚTIL

O risco de tirar um mês de férias é lá pelo 15º dia perceberem que você não faz falta alguma.

#EduardoZugaib #HumorDeSegundaaSexta

178º DIA ÚTIL

NÃO SE ILUDA: em um jornal, poucas páginas separam a Coluna Social, os Editais de Protesto e a Crônica Policial

#EduardoZugaib #HumorDeSegundaaSexta

179º DIA ÚTIL

Se você se leva a sério demais, alguém sempre vai rir de você.

#EduardoZugaib #HumorDeSegundaaSexta

180º DIA ÚTIL

— Idade?
— **44 anos**
— Altura?
— **1,76**
— Peso?
— **Qualquer coisa entre o** magro de ruim **e o** gordo de bom**...**

#EduardoZugaib #HumorDeSegundaaSexta

181º DIA ÚTIL

PEQUENAS VINGANÇAS: chegar no pedágio e perceber que o imprudente que há pouco costurava e colocava todo mundo em risco não tem "Sem Parar".

#EduardoZugaib #HumorDeSegundaaSexta

182º DIA ÚTIL

A cada *ato*, um *fato*.
Isso é *agir*.
A cada *fato*, um *ato*.
Isso é *reagir*.
A cada *ato* ou *fato*, saber *rir*.
Isso é *bom humor*.

#EduardoZugaib #HumorDeSegundaaSexta

183º DIA ÚTIL

> **LIVRO** não é algo que um autor escreve e uma editora publica pra ser distribuído gratuita e aleatoriamente por aí.
> O nome disso é **PANFLETO**, ok?

#EduardoZugaib #HumorDeSegundaaSexta

184º DIA ÚTIL

— Eu já quebrei um PARADIGMA!
— Nossa... Imagino como DÓI!
Já quebrei uma clavícula
e duas costelas...

#EduardoZugaib #HumorDeSegundaaSexta

185º DIA ÚTIL

Contradição etimológica: a palavra "Feminismo" é um substantivo masculino.

#EduardoZugaib #HumorDeSegundaaSexta

185º DIA ÚTIL

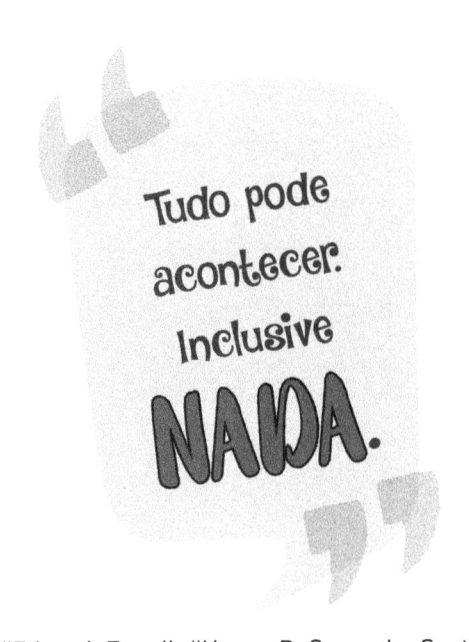

> "Tudo pode acontecer. Inclusive **NADA**."

#EduardoZugaib #HumorDeSegundaaSexta

186º DIA ÚTIL

COMO PERDER O FOCO EM 2 PASSOS:

1. Decida qual é o seu objetivo;
2. Escreva-os... mas antes, deixa eu perguntar uma coisa: você viu a última que aquele cara aprontou? Nunca vi um absurdo tão grande assim! Como é que pode um negócio desses chegar nesse ponto? Se fosse comigo, eu nunca permitiria uma coisa dessas... pelo amor de Deus!

#EduardoZugaib #HumorDeSegundaaSexta

188º DIA ÚTIL

> Produtividade seria reunir todos os feriados em uma única semana do "Saco Cheio", Como fazem nas universidades.

#EduardoZugaib #HumorDeSegundaaSexta

189º DIA ÚTIL

– O que importa é a forma, não o conteúdo – disse a bola de futebol.

#EduardoZugaib #HumorDeSegundaaSexta

190º DIA ÚTIL

Convite pra CHURRASCO do tipo "cada um leva sua própria carne" soa bem PSICOPATA, não?

#EduardoZugaib #HumorDeSegundaaSexta

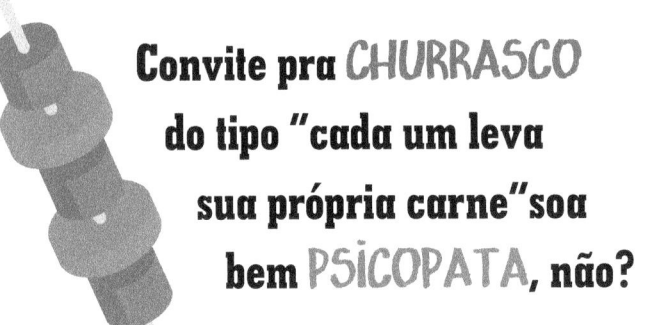

191º DIA ÚTIL

> — Este pufe tem encosto.
> — Pufes não têm encosto, você é IDIOTA?
> — Não, sou vidente.

#EduardoZugaib #HumorDeSegundaaSexta

192º DIA ÚTIL

A DICA DE HOJE É:
Desconfie sempre de dicas.
Inclusive DESTA.

#EduardoZugaib #HumorDeSegundaaSexta

193º DIA ÚTIL

Era tão sistemático que pensava em letra de **FÔRMA.**

#EduardoZugaib #HumorDeSegundaaSexta

194º DIA ÚTIL

Eficiência é saber separar o joio do trigo. *Eficácia* é não comer o joio.

#EduardoZugaib #HumorDeSegundaaSexta

195º DIA ÚTIL

NÃO TENHO PROBLEMAS COM A DEFINIÇÃO DO MEU ABDÔMEN: ESTÁ MAIS QUE DEFINIDO QUE TRATA-SE DE UMA BARRIGA.

#EduardoZugaib #HumorDeSegundaaSexta

196º DIA ÚTIL

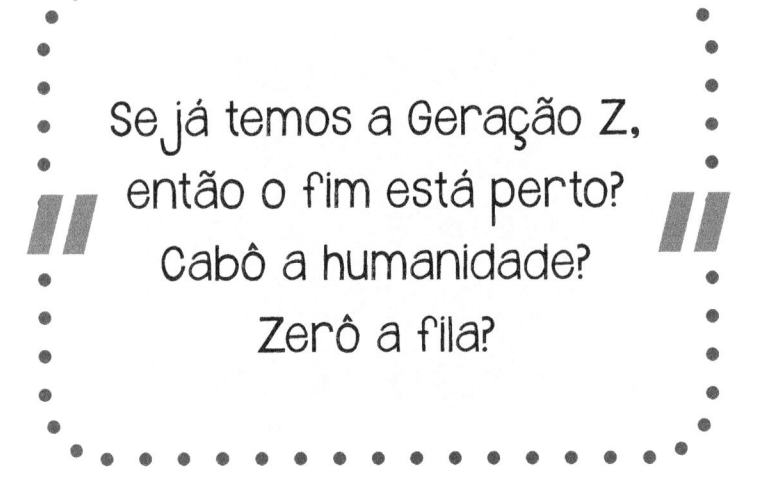

> "Se já temos a Geração Z, então o fim está perto? Cabô a humanidade? Zerô a fila?"

#EduardoZugaib #HumorDeSegundaaSexta

197º DIA ÚTIL

Diga-me com quem andas, que eu nem tô. Problema seu. Risco, também.

#EduardoZugaib #HumorDeSegundaaSexta

198º DIA ÚTIL

ESSA MANIA DE *agradar* TODO MUNDO AINDA VAI ACABAR TE *matando.*

#EduardoZugaib #HumorDeSegundaaSexta

199º DIA ÚTIL

"A gente cresce quando mantêm-se perto de gente com "**G**" maiúsculo e observa de longe as com "**g**" minúsculo."

#EduardoZugaib #HumorDeSegundaaSexta

200º DIA ÚTIL

Que sua vida seja *longa* o suficiente para que você saia dela assim como chegou: *careca* e *sem dentes*.

#EduardoZugaib #HumorDeSegundaaSexta

201º DIA ÚTIL

Tem coisas que o dinheiro não compra.
E eu nem queria mesmo, tá!

#EduardoZugaib #HumorDeSegundaaSexta

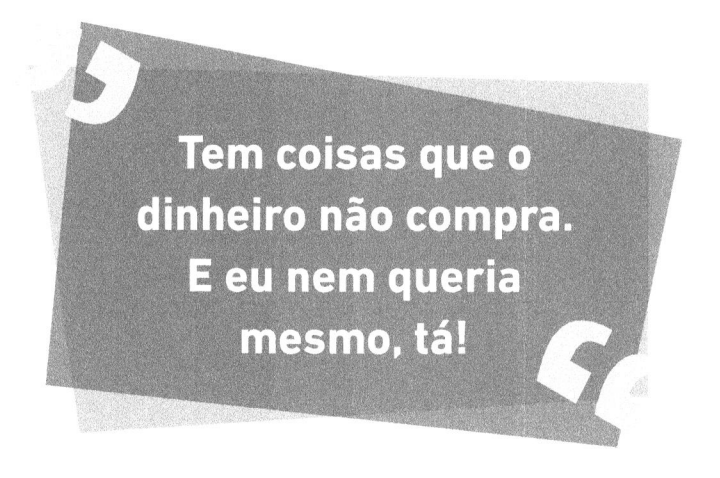

202º DIA ÚTIL

Sabe aquela sensação de que alguns livros foram escritos pra você? Pois é, alguns foram mesmo!

#EduardoZugaib #HumorDeSegundaaSexta

203º DIA ÚTIL

Do "PÔ" viestes e
ao "PÔ" voltarás, PÔ!

#EduardoZugaib #HumorDeSegundaaSexta

204º DIA ÚTIL

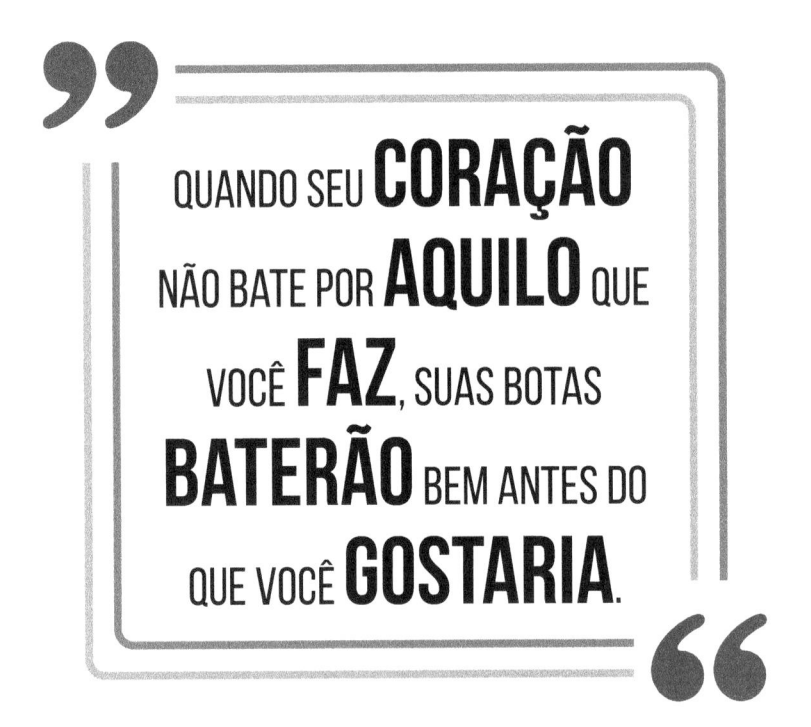

> "QUANDO SEU **CORAÇÃO** NÃO BATE POR **AQUILO** QUE VOCÊ **FAZ**, SUAS BOTAS **BATERÃO** BEM ANTES DO QUE VOCÊ **GOSTARIA**."

#EduardoZugaib #HumorDeSegundaaSexta

205º DIA ÚTIL

> "Muitas reticências se achando ponto final. Muito ponto final se achando reticências. No fim, todo mundo com cara de INTERROGAÇÃO."

#EduardoZugaib #HumorDeSegundaaSexta

206º DIA ÚTIL

Todo mundo vê os tombos que bebo, mas ninguém vê as pingas que levo. Não! Péra...

#EduardoZugaib #HumorDeSegundaaSexta

207º DIA ÚTIL

Há 3 coisas que atrapalham muito: uma é a falta de memória e as outras eu não me lembro.

#EduardoZugaib #HumorDeSegundaaSexta

208º DIA ÚTIL

> "Um textão não é nada além de um monte de textículos juntos. Haja saco pra isso.

#EduardoZugaib #HumorDeSegundaaSexta

209º DIA ÚTIL

QUANDO ENTRO NO BANHEIRO DE UMA EMPRESA E VEJO UMA PLACA PEDINDO PRA NÃO URINAR NO CHÃO E NÃO SUBIR NO VASO, FICO PENSANDO NO TIPO DE GENTE QUE TRABALHA ALI.

#EduardoZugaib #HumorDeSegundaaSexta

210º DIA ÚTIL

Século XX

The book is on the table

Século XXI

Facebook is on the tablet

#EduardoZugaib #HumorDeSegundaaSexta

211º DIA ÚTIL

Saber envelhecer
é chegar aos 44 anos,
com corpinho de 55,
carinha de 66 e
maturidade de 11.

#EduardoZugaib #HumorDeSegundaaSexta

212º DIA ÚTIL

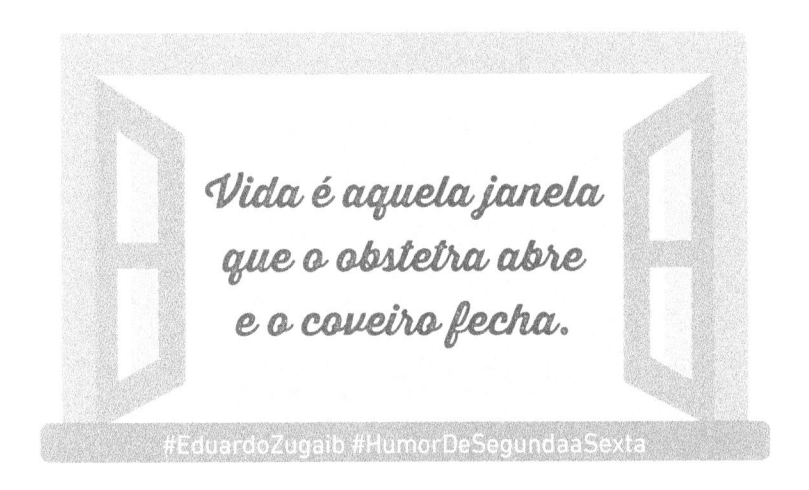

Vida é aquela janela que o obstetra abre e o coveiro fecha.

#EduardoZugaib #HumorDeSegundaaSexta

213º DIA ÚTIL

Essa mania de querer ser SUPER-HERÓI e usar a cueca por cima da calça ainda vai lhe causar grandes DORES.

#EduardoZugaib #HumorDeSegundaaSexta

214º DIA ÚTIL

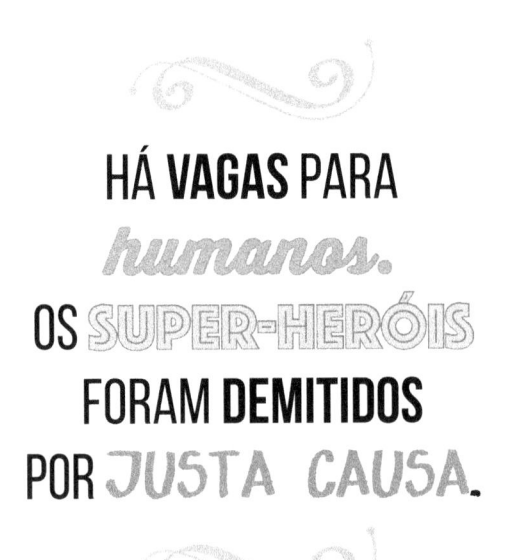

HÁ **VAGAS** PARA *humanos.* OS SUPER-HERÓIS FORAM **DEMITIDOS** POR JUSTA CAUSA.

#EduardoZugaib #HumorDeSegundaaSexta

215º DIA ÚTIL

Onde falta informação
sobra espaço para
a imaginação.
E ela sempre correrá
para o pior lado.

#EduardoZugaib #HumorDeSegundaaSexta

216º DIA ÚTIL

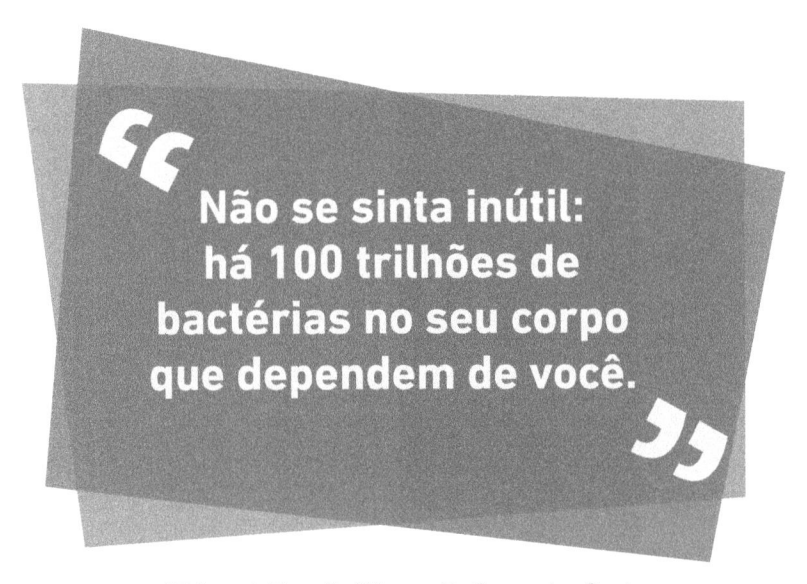

> "Não se sinta inútil: há 100 trilhões de bactérias no seu corpo que dependem de você."

#EduardoZugaib #HumorDeSegundaaSexta

217º DIA ÚTIL

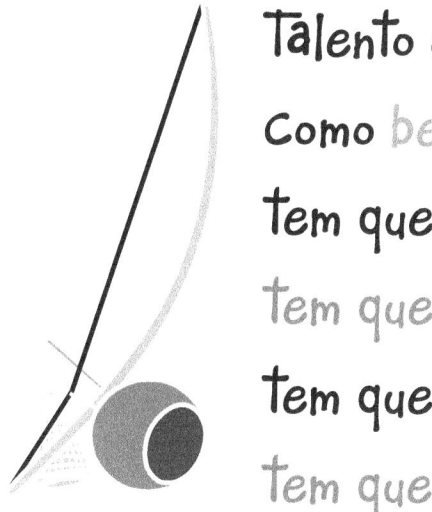

Talento é
como berimbau:
tem quem tem,
tem quem não tem,
tem quem tem,
tem quem não tem.

#EduardoZugaib #HumorDeSegundaaSexta

218º DIA ÚTIL

– Cara ou coroa?
– *Caráter*!

#EduardoZugaib #HumorDeSegundaaSexta

219º DIA ÚTIL

Sonho que se sonha sozinho é só um sonho. Sonho que se sonha junto, dependendo da companhia, é pesadelo mesmo.

#EduardoZugaib #HumorDeSegundaaSexta

220º DIA ÚTIL

— Você passa o dia todo fazendo contas e nunca me dá atenção. Jura que vai mudar?

— Eu **JUROS**.

#EduardoZugaib #HumorDeSegundaaSexta

221º DIA ÚTIL

– Morreu como um *passarinho*.
– Tranquilo, dormindo?
– Não... PEDRADA de estilingue.

#EduardoZugaib #HumorDeSegundaaSexta

222º DIA ÚTIL

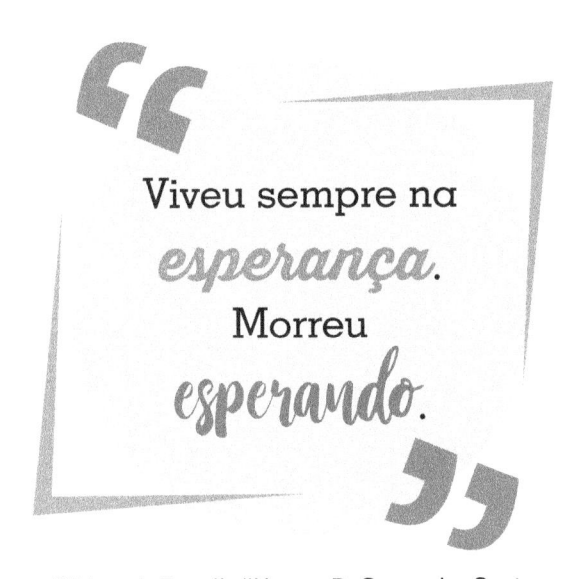

> "Viveu sempre na *esperança*. Morreu *esperando*."

#EduardoZugaib #HumorDeSegundaaSexta

223º DIA ÚTIL

PESO DOS INDICADORES DA AVALIAÇÃO DE DESEMPENHO:

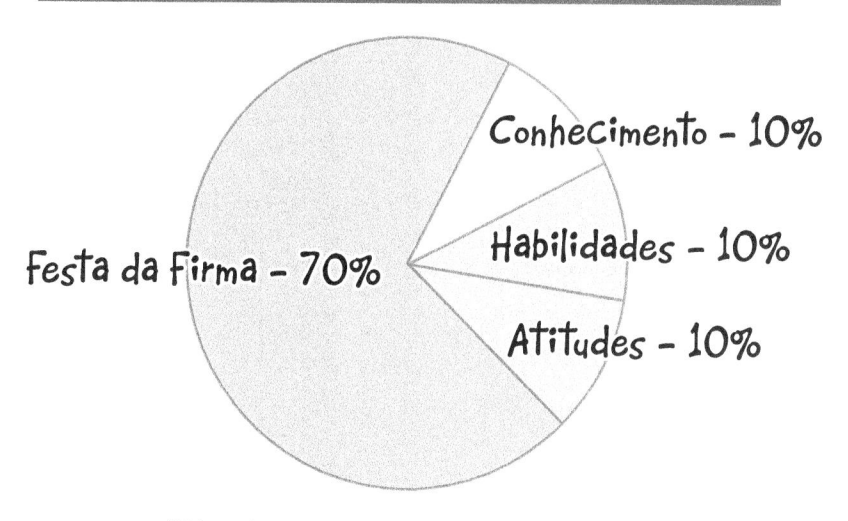

- Festa da Firma - 70%
- Conhecimento - 10%
- Habilidades - 10%
- Atitudes - 10%

#EduardoZugaib #HumorDeSegundaaSexta

224º DIA ÚTIL

Uma empresa divide-se em
dois tipos de pessoas:
as que escrevem e as que leem.
Algumas das que leem
costumam ser também as que assinam.

#EduardoZugaib #HumorDeSegundaaSexta

225º DIA ÚTIL

Ficou tão preocupado em conjugar no tempo certo que acabou perdendo um tempo valioso.

#EduardoZugaib #HumorDeSegundaaSexta

226º DIA ÚTIL

"Empatia é morrer de medo ao ver gente morta."

#EduardoZugaib #HumorDeSegundaaSexta

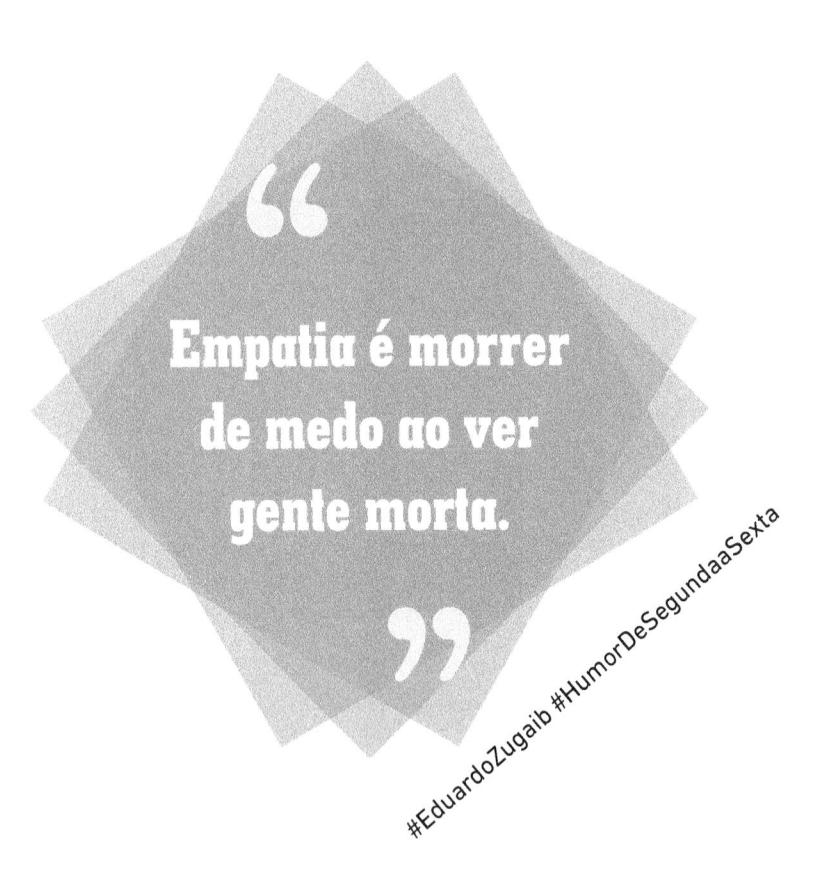

227º DIA ÚTIL

Tudo é contexto;
a Física seria
outra se Newton
tivesse se deitado
sob um COQUEIRO.

#EduardoZugaib #HumorDeSegundaaSexta

228º DIA ÚTIL

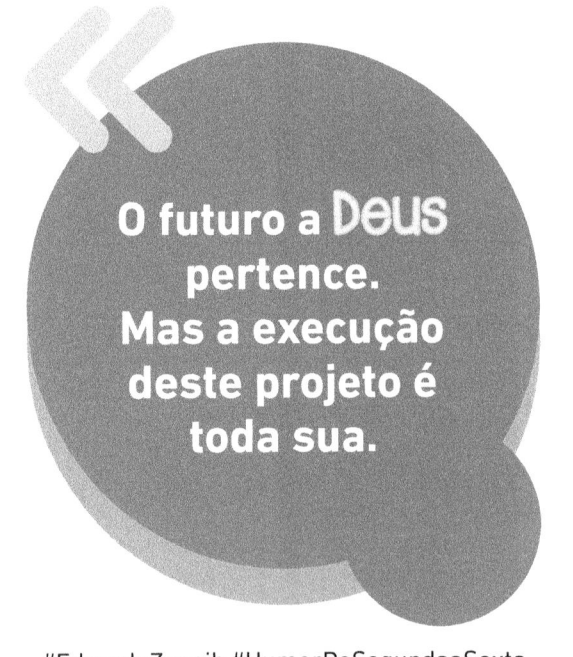

> O futuro a Deus pertence.
> Mas a execução deste projeto é toda sua.

#EduardoZugaib #HumorDeSegundaaSexta

229º DIA ÚTIL

Quando gente quieta demais abre a boca, ou sai algo muito genial ou algo pavoroso.

#EduardoZugaib #HumorDeSegundaaSexta

230º DIA ÚTIL

> "Eram tão descolados, mas tão descolados, que um dia suas ideias não colaram mais."

#EduardoZugaib #HumorDeSegundaaSexta

231º DIA ÚTIL

"O mundo divide-se entre gente que é livre e gente que é *deusolivre*."

#EduardoZugaib #HumorDeSegundaaSexta

232º DIA ÚTIL

Eu tinha um problema. Então me sentei num sofá confortável, fechei os olhos e comecei a pensar positivo. Pensei uma, duas, três, cinco, dez horas. Pensei até ficar com dor de cabeça.

Agora eu tenho três problemas:

1. A dor de cabeça;
2. A falta de tempo;
3. O problema anterior.

#EduardoZugaib #HumorDeSegundaaSexta

233º DIA ÚTIL

Pensar
FORA DA CAIXA
é fácil.
Quero ver usarem
direito o que tem
DENTRO DELA.

#EduardoZugaib #HumorDeSegundaaSexta

234º DIA ÚTIL

"Dê-me uma alavanca e um ponto de apoio e moverei o mundo."
Arquimedes

"Dê-me um clips."
MacGyver

#EduardoZugaib #HumorDeSegundaaSexta

235º DIA ÚTIL

Se ACIDEZ fosse sinônimo de esperteza, limão não morria ESPREMIDO.

#EduardoZugaib #HumorDeSegundaaSexta

236º DIA ÚTIL

Sem saber que era impossível, foi lá... e voltou sem saber o que fazer.

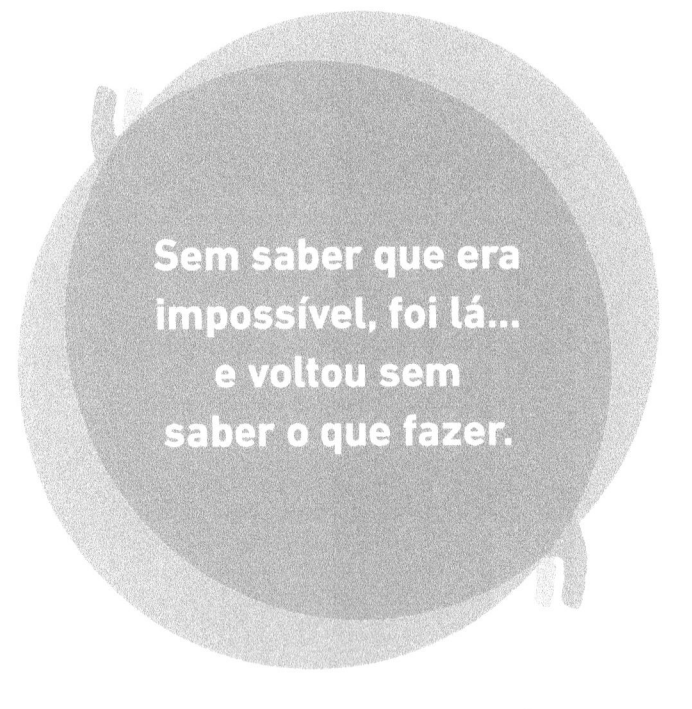

#EduardoZugaib #HumorDeSegundaaSexta

237º DIA ÚTIL

> *Sem saber que era impossível, foi lá e fez uma tremenda bobagem.*

#EduardoZugaib #HumorDeSegundaaSexta

238º DIA ÚTIL

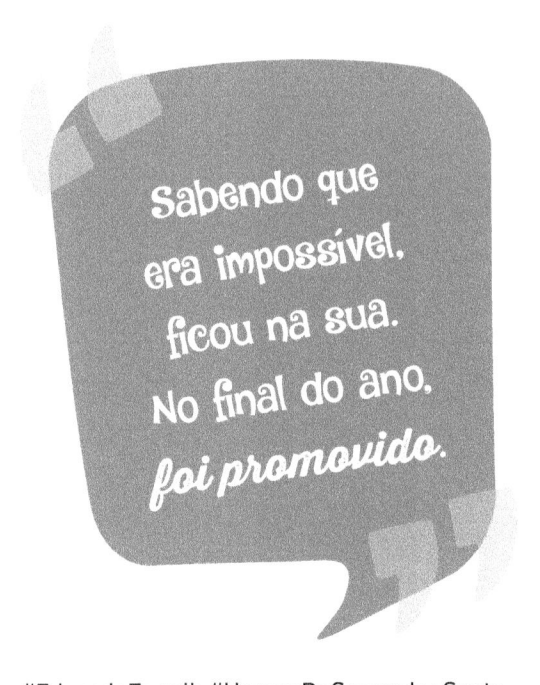

> Sabendo que era impossível, ficou na sua. No final do ano, *foi promovido.*

#EduardoZugaib #HumorDeSegundaaSexta

239º DIA ÚTIL

"Tá tranquilo?
Tá favorável?
Então... tá na
zona de conforto!

#EduardoZugaib #HumorDeSegundaaSexta

240º DIA ÚTIL

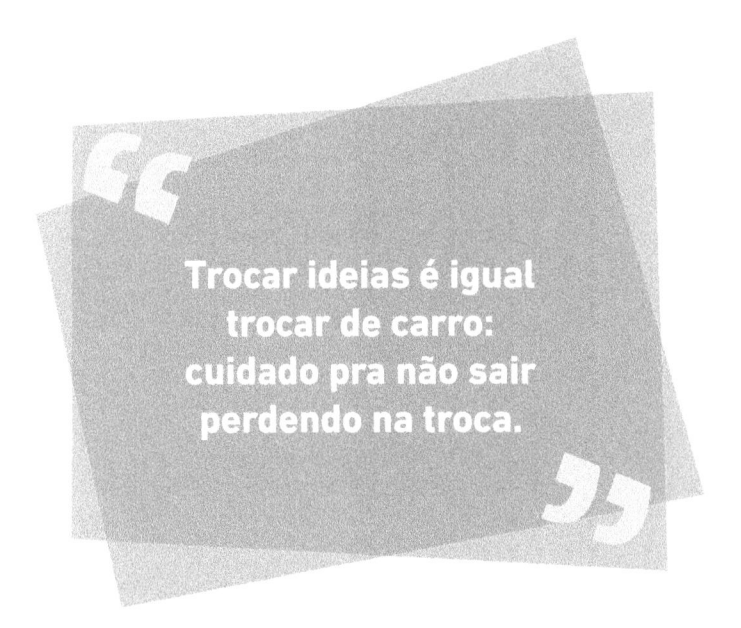

> Trocar ideias é igual trocar de carro: cuidado pra não sair perdendo na troca.

#EduardoZugaib #HumorDeSegundaaSexta

241º DIA ÚTIL

Nem tudo significa o que imaginamos.
A palavra "obra", por exemplo, pode dizer respeito:

- ao resultado do trabalho;
- ao legado de uma vida;
- ao pensamento transformado em livro;
- ao simples ato de defecar.

#EduardoZugaib #HumorDeSegundaaSexta

242º DIA ÚTIL

> "Ter foco é decidir em quais discussões vai empenhar seu tempo e energia. Ter culhão é assumir o resultado que vier disso"

#EduardoZugaib #HumorDeSegundaaSexta

243º DIA ÚTIL

NO REFEITÓRIO:

– Eu quero bem passado...
– Ok, passar bem então!
Próximo!

#EduardoZugaib #HumorDeSegundaaSexta

244º DIA ÚTIL

{ ERA TÃO ANSIOSO, MAS TÃO ANSIOSO, QUE TOMAVA *RedBull* PARA DORMIR MELHOR. }

#EduardoZugaib #HumorDeSegundaaSexta

245º DIA ÚTIL

> "Vale muito mais quem fala '**PROBREMA**' e resolve do que quem fala '**PROBLEMA**' e fica só olhando."

#EduardoZugaib #HumorDeSegundaaSexta

246º DIA ÚTIL

> Não tenho inimigos. Todos sumiram em circunstâncias misteriosas.

#EduardoZugaib #HumorDeSegundaaSexta

247º DIA ÚTIL

> Comer uma maçã por dia é receita de saúde. Caso esqueça de comer durante dez dias, não se atreva a comer dez em um dia para compensar.

#EduardoZugaib #HumorDeSegundaaSexta

248º DIA ÚTIL

QUEM NÃO SE *move,* CEDO OU TARDE SE *comove.*

#EduardoZugaib #HumorDeSegundaaSexta

249º DIA ÚTIL

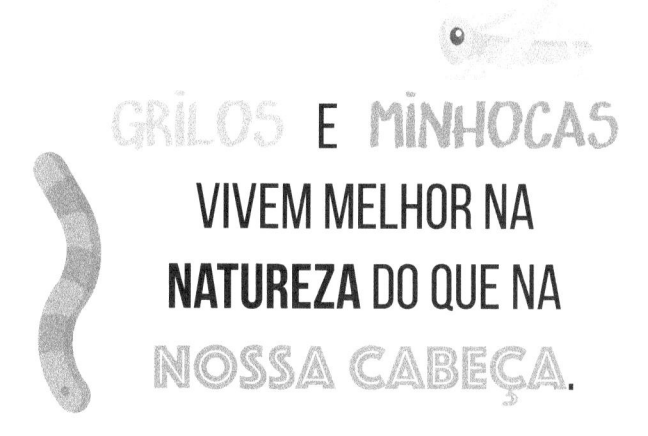

GRILOS E MINHOCAS
VIVEM MELHOR NA
NATUREZA DO QUE NA
NOSSA CABEÇA.

#EduardoZugaib #HumorDeSegundaaSexta

250º DIA ÚTIL

Quem *canta*
seus males espanta.
Cuide da *afinação*,
pra não espantar
coisas *boas* também.

#EduardoZugaib #HumorDeSegundaaSexta

251º DIA ÚTIL

> Faço QUESTÃO ou não faço QUESTÃO? Eis a QUESTÃO!

#EduardoZugaib #HumorDeSegundaaSexta

252º DIA ÚTIL

ANTES DE UM
Ano Sabático
SEMPRE VÊM MUITOS
ANOS SAPÁTICOS.

#EduardoZugaib #HumorDeSegundaaSexta

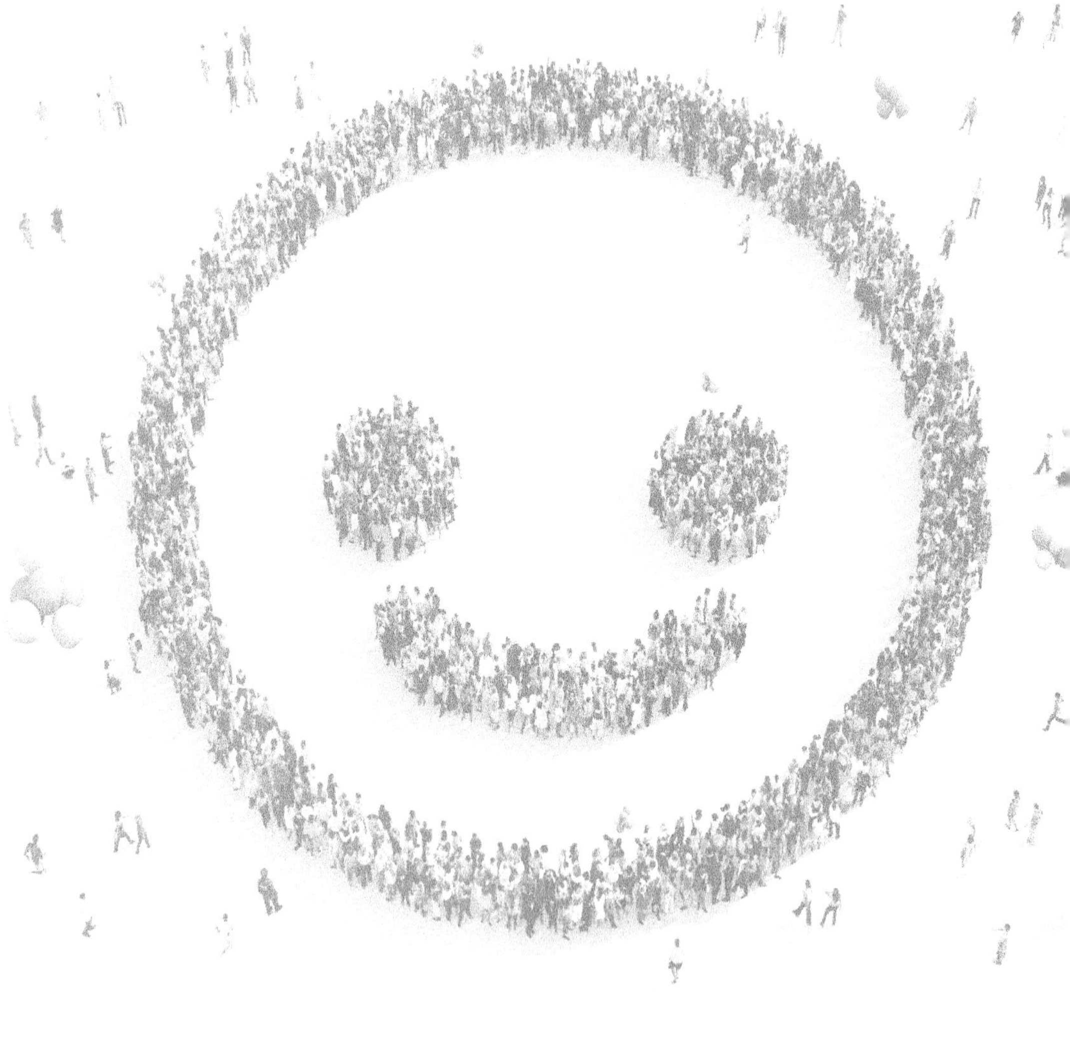

PARTE 3

Café frio e amargo

— Eduardo, você é muito bom no que faz. Você faz com excelência. Porém, seu humor é péssimo, você está acabando com o clima da empresa e ninguém está suportando mais trabalhar com você…

O *feedback* recebido do meu então chefe, discretamente e feito com todo o cuidado, desceu queimando pela minha garganta, embrulhou o estômago e, alguns segundos depois, se transformaria em mais uma explosão.

"Se não posso mudar o lugar, eu me mudo então". E lá fui, em busca de uma nova oportunidade. Que surgiu e até criou uma euforia positiva. Mas que bastaram alguns meses para que o lado "sombra" se manifestasse novamente, ainda pior.

Alguns anos depois, agora como executivo à frente do negócio, o lado cruel havia se potencializado. Gritos, constrangimentos, assédios morais, ironias cortantes eram uma constante. E mais pessoas passavam, curtiam em um primeiro momento, mas quando conheciam o monstro, se afastavam.

A "luz vermelha" começou a acender após mais um surto deflagrado por uma simples discussão sobre caminhos a seguir na produção de um anúncio. Nas primeiras palavras do meu sermão humilhante, o estagiário virou-se de costas e me deixou falando sozinho. Meus gritos se fizeram ouvir dois andares acima e dois abaixo do nosso.

Dia seguinte, tudo novo para mim, como gostaria de acreditar. E as pessoas que fossem capazes de se recuperar de qualquer abalo emocional. Isso seria um sinal de força, a mesma força que julgava que tinha, mas que, na verdade, estava longe de ser força.

— Queria conversar com você um pouco… - disse o estagiário, assim que chegou.

— Vamos lá… tomar um café lá embaixo… - respondi, com cara de que nada de anormal havia acontecido no dia anterior mas, no fundo, desejando que fosse um humilhado pedido de desculpas.

Café à mesa, começou o nocaute moral:

— Eduardo, eu estou aqui para agradecer você e informar que não virei mais...

— Como assim? Vai dizer que ficou chateado por ontem? Hoje é outro dia e, se fiz o que fiz, foi pensando no melhor para o seu crescimento e para a empresa... estágio é assim mesmo...

— Sim, fiquei. Mas já estou melhor. É que ontem se perdeu algo muito valioso, que não tem como recuperar. Então, o melhor a fazer é ir embora...

— Mas você vai ficar sem trabalhar? Logo agora, que está começando na carreira, já com uma oportunidade de estágio na área? E se você se queimar por isso? - disse, jogando pitadas de ameaça nas entrelinhas.

— Sim, vou. Darei um jeito... obrigado mesmo pela oportunidade, mas é isso...

Das histórias que relatei na primeira parte do livro, optei por contar esta com mais detalhes, pois foi o exato momento em que a visão da mudança se configurou.

Ali, após o café - o mais amargo que já tomei na vida - começava a desconstrução de uma obra que havia iniciado errada, onde o ego havia sido colocado à frente de tudo, provocando dor e frustração em mim mesmo e em todos aqueles que haviam dividido alguma jornada profissional comigo. Com ela, nasciam os primeiros textos e reflexões daquilo que, mais tarde, viria a se chamar Revolução do Pouquinho, o processo de autoliderança e organização de pensamento que ganhou livro, e que tem se mostrado útil na transformação do indivíduo a partir da observação intensa de suas atitudes, direcionando-as no tempo e espaço no sentido dos objetivos que gostaria de atingir.

O início de uma jornada em que eu - pessoa cética, cartesiana e essencialista - provei a mim mesmo que, quando percebemos a necessidade de mudança e nos dedicamos consciente e intensamente a ela, tudo o que visualizamos passa a fazer parte de uma construção dinâmica, inicialmente regular, depois sustentável e, finalmente, exponencial.

Corrigir esse traço de mau humor que tanto me prejudicou foi uma grande conquista, mesmo já tendo perdido bastante pessoas e oportunidades antes dessa tomada de consciência. É a partir dela, a consciência, que nasce qualquer processo de transformação, inclusive aqueles que conversam diretamente com nossa motivação.

Isso me ajudou a perceber, principalmente, que não há liderança de pessoas enquanto não aprendemos a liderar a nós mesmos. E que influenciar é um movimento muito mais consistente e envolvente do que o amedrontar.

A jornada segue seu curso, cada vez mais consistente nos resultados, e sempre de olho no Compromisso de Continuidade que assumi comigo mesmo em relação ao meu humor, materializando de uma forma leve aquele que é meu propósito, que já contei a você:

Provocar reflexões e mudanças positivas na vida das pessoas.

Cai o pano, acende a luz.

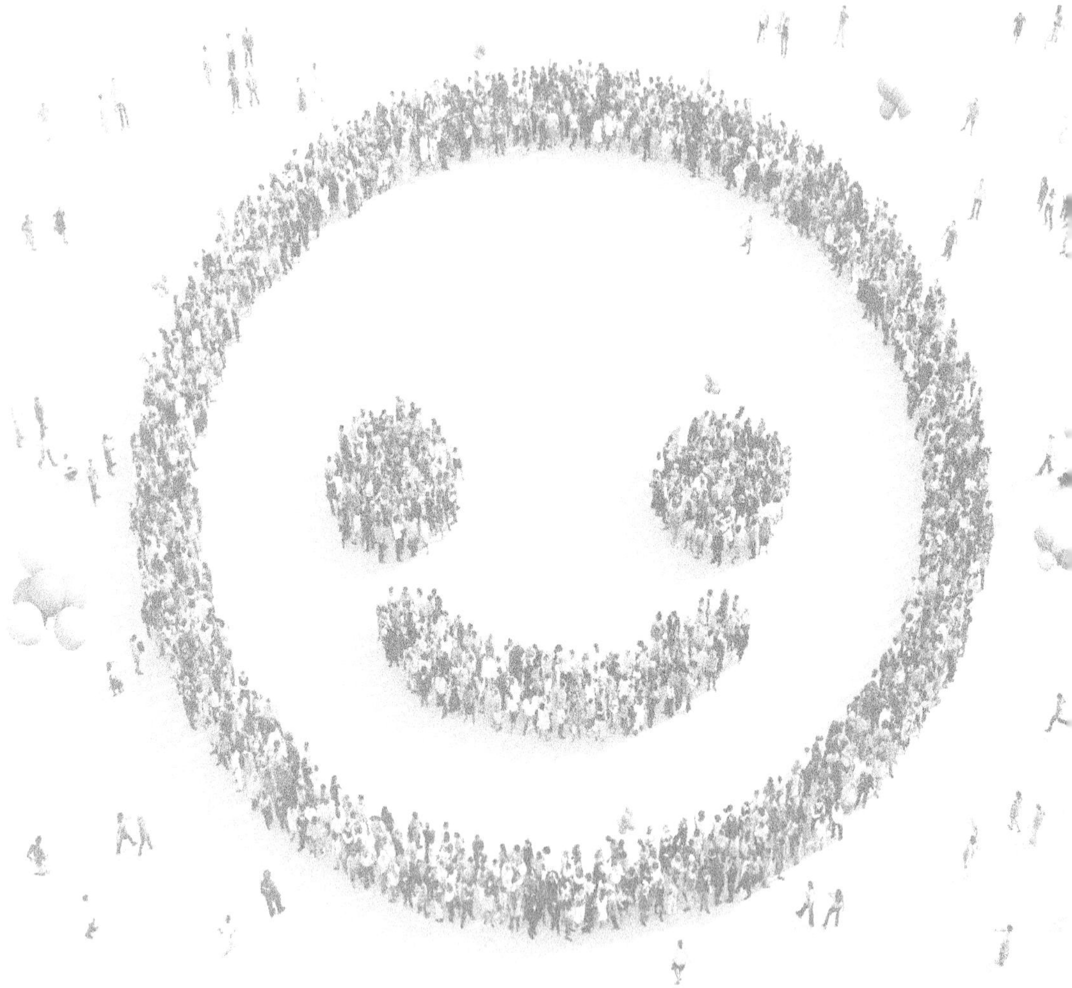

PARTE 4
Liderança: isso é com você!

Algumas breves provocações

Voltamos agora à essência do livro, focando na relação que você estabeleceu com ele, que provavelmente está representada em uma das opções abaixo:

1 - NÃO LI O LIVRO!

Se você parou de ler e deixou o livro pra lá, significa que você não chegou até aqui. Logo você não está lendo isso, o que torna este primeiro item completamente dispensável. Eu poderia aproveitar para falar mal de você, que nunca ficaria sabendo, pois não leu até aqui. Caso falasse, estaria fofocando, pois seria na sua ausência. Mas, limito-me a dizer: azar o seu.

2 - LI CORRENDO!

Se você não esperou um ano para ler este livro, ou melhor, leu-o numa tacada só, você chegou em um dos dois pontos a seguir:

2.A - LI E... NÃO GOSTEI!

Ótimo! Aproveite que o livro ainda está novo e dê de presente para um amigo prestes a fazer aniversário. Além de economizar uma grana, você cumpre um dos sentidos essenciais da nossa existência, que é deixar as coisas fluírem. Se isso fizer sentido pra você, então... desapega!

2.B - LI E... GOSTEI! (Ou 'adorei', ou 'amei')

Se gostou, leia novamente, abra as páginas de forma aleatória, anote-as, rabisque, fotografe-as e compartilhe-as. Vai ser bem legal!

3 - LI UMA PÁGINA EM CADA DIA ÚTIL!
(Independentemente de ter gostado ou não)

Se você chegou até aqui seguindo isso que foi uma insinuação (um pensamento por dia útil) e não uma regra, convido você a uma reflexão SÉRIA e um pouco mais profunda:

a. Você pode estar vivendo de forma engessada demais, e isso indica que pode estar faltando um pouco de bom humor nela. Uma capacidade que não significa ficar rindo de tudo e de todos a todo instante (como já dissemos no início, o nome disso é "bobo"), mas sim de permitir-se ver a vida com mais leveza e flexibilidade, ampliando seu campo de visão na busca de novas soluções para, muitas vezes, aqueles antigos problemas;

b. Você pode estar cumprindo sugestões sem questioná-las, o que pode fazer com que você não explore ao máximo sua capacidade criativa e, talvez por isso, não esteja percebendo melhora na sua performance, não esteja conquistando melhores resultados e, consequentemente, esteja achando a vida um saco de repetições sem muito sem sentido;

c. Você pode estar arriscando muito pouco, o que pode acabar colocando sua vida em uma perspectiva falsa de "equilíbrio" que, na verdade, está muito mais para uma zona de conforto. E nela, pouca coisa interessante acontece de verdade.

Digo isso não por observação científica, mas por experiência pessoal, com a consciência que, em minha vida, estive por diversas vezes pisando em um destes três comportamentos, que aqui resumo para facilitar:

1. Viver de forma engessada;
2. Cumprir regras sem questioná-las;
3. Arriscar muito pouco.

Se for o caso, minha sugestão pra você é voltar ao texto nº 1 e começar tudo de novo, em uma nova perspectiva. Uma releitura menos condicionada, mais livre, do jeito que lhe der na telha. No chamado mundo VUCA, aquele que é:

- **Volátil** (*volatile*),
- **Incerto** (*uncertain*),
- **Complexo** (*complex*), e
- **Ambíguo** (*ambiguous*).

Comportamentos rígidos demais podem ser fatais para os relacionamentos e a carreira.

Vale lembrar que mudar de opinião não é algo feio. Seguir valores equivocados, incongruentes, que não promovem melhoria contínua em você mesmo e nos ambientes por onde transita, sim.

Como você leu em uma das frases, eu acrescentaria mais duas letras a essa sigla VUCA, que foi criada pelo exército americano nos anos 90, diante da complexidade que o mundo começou a ganhar na época e que só se ampliou desde então. São elas:

- M, de **Malicioso** (*malicious*), e
- U de **Urgente** (*urgent*).

Assim, ampliaríamos a sigla para MUVUCA, reforçando a necessidade de mais leveza, mais flexibilidade, uma mente mais oxigenada e uma visão mais aberta, conquistando assim a essência do conceito de bom humor que defendo neste livro.

Permita-se a isso e faça seu humor ir além, transformando-o de um estado de espírito em uma ferramenta que vai ampliar a sua conexão com aquilo que mais importa para você, nas relações que mantêm no trabalho e na vida. Ferramenta que vai ajudar você a tornar mais leve o desafio de conduzir e inspirar pessoas a serem melhores, seja dentro de uma empresa, em uma equipe de voluntariado, em casa, em sala de aula, enfim, em todo lugar onde seja preciso uma liderança clara, transparente, identificada e, principalmente, reconhecida e apoiada por aqueles a quem ela influencia, com capital moral suficiente para tomar decisões críticas e impopulares e, ainda assim, não perder o respeito das pessoas à sua volta.

Um estatística simples e matadora

Calma, pois já estou quase acabando!

Aliás, sempre que digo que estou quase acabando, me recordo da primeira palestra remunerada que eu fiz, já há bastante tempo. Estava empolgadíssimo e não queria fazer feio na pequena cidade do interior de São Paulo. Preparei um conteúdo muito bacana sobre marketing e comunicação, que era o tema do evento, promovido por uma agência de propaganda recém-inaugurada na região.

Chegando na cidade, fiquei assustado com o tamanho da responsabilidade: todo o comércio local tinha cartazes do evento e, durante a tarde que precedeu o encontro, um carro de som promocional ficou anunciando a cada meia hora o meu nome pelo alto falante.

Não pensei duas vezes: preciso turbinar isso ainda mais! E mandei bala nos ajustes finais, acrescentando conteúdos que não estavam previstos, mas que serviriam para que eu impressionasse de verdade.

Hora da palestra, teatro da cidade lotado. Do prefeito ao pipoqueiro todos haviam parado para ouvir o profissional de marketing que tinha vindo da capital. E desatei a falar.

Uma. Duas. Três horas. Três horas e meia da mais fina flor do marketing, pontuado com *cases*, histórias, curiosidades, comprovações científicas, entre outras informações, temperadas com ego. Muito ego. Quando parei de falar, as luzes se acenderam ao mesmo tempo em que, sem perceber, perguntei, para um auditório vazio:

– Alguém tem alguma dúvida?

O rapaz lá na porta, segurando um molho de chaves, levantou a mão:

– Posso apagar a luz e fechar o teatro, moço?

Pois é. Ali aprendi que o prolixo vai, inevitavelmente pro lixo, algo que você já leu em alguma página que ficou pra trás.

Agora é sério: o fim do livro já está chegando. E a essa altura, já estamos nos sentindo amigos de infância, certo? Pelo menos é o que eu sinto em relação a você, que confiou em mim e chegou até aqui, mesmo sem provavelmente conhecer você pessoalmente.

Então, como "seu mais novo amigo de infância", sugiro que você reflita sobre o seguinte fato, que pode transformar-se num forte, pra não dizer dramático, impulsionador para você manter seu humor em alta.

Está preparado? Eu avisei que é forte.

Segundo o IBGE - Instituto Brasileiro de Geografia e Estatística, a atual expectativa de vida no Brasil é de 74,8 anos.

– Tá... e o que eu tenho a ver com isso? - você pode estar se perguntando.

É simples: se hoje você tem 20 anos de idade, segundo o IBGE sobram, em tese, aproximadamente 55 anos de vida. Bastante, né?

Então observe as pessoas ao seu redor e tente imaginar quantas delas estarão vivas daqui a 50 anos. E reflita:

> "Hoje pode ser o último momento em que compartilharei da existência destas pessoas. Eu farei isso de forma leve e bem-humorada ou vou preferir carregar isso como um saco de lixo emocional, com todo chorume e odor que emanam dele?"

Se hoje você tem 40 anos de idade, pela estatística sobram em tese aproximadamente 35 anos de vida. Ou seja: a primeira metade da sua vida já virou história. Ou melhor: você já avançou alguns anos na segunda metade. Observe o pouco mais de três décadas que restam e reflita:

> "Como eu quero vivê-las? Cometendo os mesmos erros da primeira metade ou me permitindo cometer novos erros, consciente do dinamismo da vida e do quanto o humor proporciona a conexão entre as pessoas, tornando-as mais humanas e próximas?"

Quero alimentar as mesmas rupturas e os mesmos desencontros que tanto me fizeram mal? Ou superá-los em nome de algo maior, algo perene?

É provável que algumas das pessoas que estiveram presentes em sua vida durante seus vinte e poucos anos já não estejam mais por aqui. Pense então:

> "O que elas levaram de mim? O que delas eu permiti que ficasse comigo?"

Se hoje você tem 60 anos de idade, a estatística do IBGE diz que há 15 anos pela frente. Observe esse pouco mais de uma década e reflita:

> "Como eu quero vivê-la? Muitas das pessoas que fizeram parte de minha vida – familiares e amigos – já não estão mais por aqui. Mas, há aqueles que ainda estão! E eu? Ainda estou apostando na ruptura, no desencontro? Estou querendo ter 'razão' ou ser feliz? O quanto eu posso hoje aprender e compartilhar com quem ainda está por aí, avançando nos seus 70, 80, 90 ou mais? E também com aqueles que possuem menos, ou bem menos do que isso e que, por essas casualidades da vida, correm o risco de sequer chegarem aonde eu cheguei?"

Pense nisso: independentemente da idade, o simples fato de você estar vivo já é um indício que, naquilo que você pôde decidir em sua jornada, houve mais acertos do que erros. E isso pede uma celebração cotidiana na forma mais pura do bom humor.

O bom humor vai ajudar você a lidar também com aquilo que você não pôde decidir, e que jogou contra, agindo ou reagindo da melhor forma, sem entregar os pontos ou azedar o espírito. Isso é suficiente para agradecer e comemorar cada novo dia que se descortina pela frente, nesse troço chamado vida, que fica muito melhor quando optamos pelo caminho do encontro, não do desencontro. E também do perdão e da gratidão que, quando norteados pelo bom humor, criam mais leveza.

Vamos a uma reflexão mais curta agora, porém talvez a mais forte de todas:

> "Se hoje fosse o dia que encerraria
> a minha jornada, ficaria faltando fazer
> ou falar o quê? Para quem?"

Espero que essas reflexões possam, de alguma forma, influenciar o modo como você lida com os "sacos de lixo emocional" que comentei há pouco e que podem estar aí, pesando nas suas costas, como um dia pesaram bastante nas minhas e só me asseguraram perder relações e oportunidades valiosas.

No momento em que finalizo este texto, tenho quatro décadas e meia de vida e ainda muitas histórias para viver e para contar. E, toda noite, rezo para que o IBGE esteja errado. Caso não esteja, só me resta deixar o IBGE pra lá ou mudar para o Japão, onde a expectativa de vida é de 84,2 anos. Vai que dá certo, né?

Um pouco mais de Matemática

Há uma outra forma de sensibilizar você quanto à necessidade de estabelecer o bom humor como comportamento que optamos por ter, e não como um traço inato que algumas pessoas receberam de presente. É uma conta relativamente simples de fazer:

1. Pegue sua idade e multiplique por 365;
2. Multiplique agora o resultado por 24;
3. Depois multiplique por 60.

O número, provavelmente na casa dos milhões, é a quantidade aproximada de minutos que você já viveu. O meu, quando fiz a conta, deu 23.652.000.

– Tá bom... e o que eu faço com isso?

Simples: compare com aquele aborrecimento que durou alguns dias ou horas e veja se valeu mesmo a pena se estressar por tão pouco.

Em outras palavras, quando estamos dispostos a mudar, até a Matemática ajuda.

Então, fechando nossa conversa (prometo que agora está acabando mesmo!), compartilho com você, de forma oficial, aquele texto que comentei no início do livro, que circulou milhões de vezes por aí, sem os devidos créditos de minha autoria, com o título atual, o qual foi registrado junto com o conteúdo. Assim, quando você o receber em suas redes sociais ou aplicativos de comunicação instantânea, você saberá o origem.

Para ficar mais emocionante, pense que estamos terminando de assistir um filme e as letrinhas contendo os créditos começarão a subir. Vamos lá?

PLANO DE TRABALHO PARA TODA A VIDA

1.

Faça o que é certo, não o que é fácil.
O nome disso é **Ética**.

2.

Para realizar coisas grandes, comece pequeno.
O nome disso é **Planejamento**.

3.

Aprenda a dizer "não".
O nome disso é **Foco**.

4.

Parou de ventar? Comece a remar.
O nome disso é **Garra**.

5.

Não tenha medo de errar, nem de rir dos seus erros.
O nome disso é **Criatividade**.

6.

Sua melhor desculpa não pode ser mais forte que seu desejo.
O nome disso é **Vontade**.

7.

Não basta iniciativa. Também é preciso ter "acabativa".
O nome disso é **Efetividade**.

8.

Se você acha que o tempo voa, trate de ser o piloto.
O nome disso é **Produtividade**.

9.

Desafie-se um pouco mais a cada dia.
O nome disso é **Superação**.

10.

Pra todo *game over*, existe um *play again*.
O nome disso é **Vida**.

Como autor, permito-me incluir aqui o item 11:

"Descarregue seu caminhão
de problemas no lugar certo.
O nome disso é **Bom Humor**."

Feliz humor novo pra você.

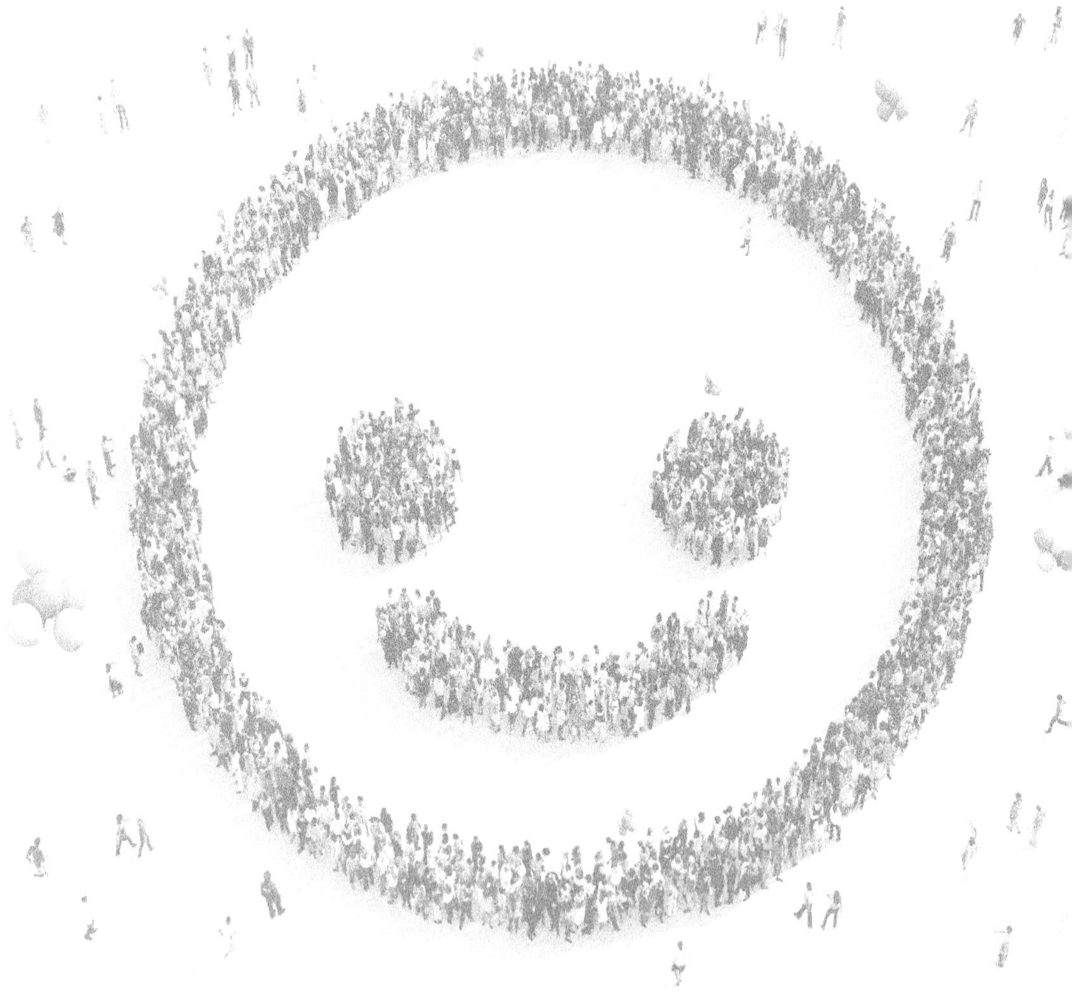

PARTE 5
O Fim está próximo

Fim

Outros livros do autor:

São Paulo, 2018
www.dvseditora.com.br